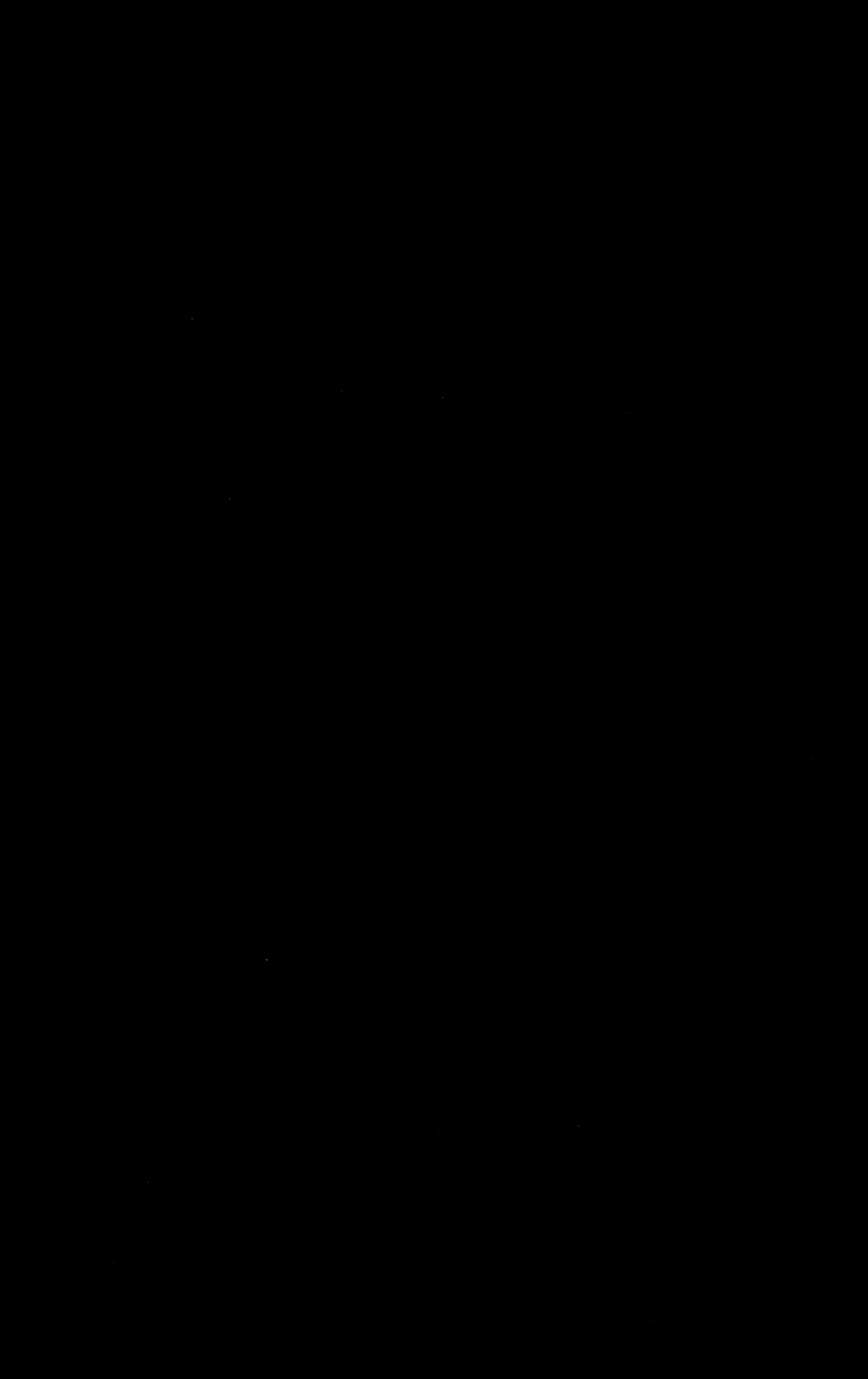

그래 떠나
안도현처럼

그래 떠나 안도현처럼

안도현 지음

별글
별처럼 빛나는 글

| 프롤로그 |

죽지 마라, 세상을 다 볼 때까지

22살.

나는 나로부터 멀리 도망치고 싶었다. 무엇보다 한국으로부터 도망치고 싶었다. 미래에 대한 불안함으로 가슴이 터질 것 같은 이 나라에서 훨훨 떠나버리고 싶었다. 20년 후 나는 여행을 통해서 나를 잘 알게 되었고, 앞이 캄캄했던 한국을 떠나서 한국이라는 나라를 더 잘 보게 되었다.

나는 현재까지 72개국을 방문했고 앞으로 100개국을 방문하는 것이 목표다.

이 책을 통해 좋은 학벌과 유망한 미래가 있는 사람은 물론 힘들고 갑갑한 청춘에게 도전과 변화에 대한 메시지를 주고 싶다. 막막함에 갇힌 청춘에게 "당신을 불안하게 만든 세상, 시스템과 환경에 속지 않도록 눈을 크게 뜨고 깨어 있으라"는 말 한마디를 전하고 싶다.

CNN 보고에 따르면 한국은 2014년 기준 하루에 40명씩 자살하는 나라다. 낙오되거나 소외받은 이들이 더 이상 살아갈 이유와 비전이 없기 때문이다. 대학입시의 경쟁 그리고 치열한 취업 후에는 더 열렬한 경쟁이 계속되는 악순환이 이어질 뿐이다.

물론 나도 얼마나 힘든지 안다.

하지만 죽지 마라. 절대로… 노르웨이의 피오르드를 보거나, 미국 그랜드캐니언에서 번지점프를 하거나, 팔라우 깊은 심해에서 만타가오리를 만져보기 전까지는 절대로 죽지 마라.

이 글은 다소 유치하거나 엉뚱할지도 모른다. 하지만 이 모든 글이 내 인생이 지나온 실제의 기록이자 경험과 생각이다.

여행을 통해서 나는 조금씩 나 자신을 알아가며 나를 만들어가고 있다. 때론 쓰라리고 피 말리는 경험들을 통해 세상의 어려움과 고민에 대처하는 자신감과 인생의 소중함을 배우게 되었다. 발꿈치가 터지면 강력본드로 접착을 하고, 사람들에게 상처를 받으면 새로운 직업과 직장에 도전했다.

그렇다고 생명의 위험을 무릅쓰고 무작정 여행을 떠나라고 권하는 건 아니다. 되도록 위험요소를 피해서 안전하게 다녀야 한다. 내 경험과 생각들을 통해 당신이 남에게 속지 않고 생각의 지경과 타인에 대한 관용을 넓히는 자신만의 여행을 떠나는 모습을 그려본다.

당신과 같은 마음이었던 한 남자의 여행을 읽어본 독자들에게 거듭 여행을 권한다.

'그래, 한번 길 떠나보자(Hit the Road, Jack)!'

차례

프롤로그_ 죽지 마라, 세상을 다 볼 때까지 • 4

1장_ 죽으러 간 여행에서 살길을 찾다

산에서 잠들면 쉽게 죽을 수 있어 • 13
미국, 지금이 아니면 안 돼 • 22
Do Not be Afraid to Learn 24 | 500달러짜리 지니와 함께 미국 횡단 29 | 아저씨, 쏘지 마세요 37 | 나바호족과 함께 춤을 40 | 로스앤젤레스에서 생긴 일 44 | 48개 주 횡단이 내게 준 것들 47

인도, 여행만 하기엔 아까운 나라 • 51
여기서 밀리면 맞아죽는다 56 | 지갑을 도난당해도 당황하지 말 것 58 | 인도인으로 살아가기 63 | 상가 사기의 득과 실 65

30일간 동남아 13개국 돌아보기 • 69
중국에서 베트남 국경까지의 대장정 71 | 흥정은 서로의 이익을 공유하는 것 74 | 아버지, 저랑 베트남 가요 76 | 태국에서 남성 해방을! 79 | 31세 인턴 안도현입니다 82 | 인도네시아의 밤의 요정들 85 | 우린 일 안 해도 먹고살아 87 | 오늘의 필리핀에 꼭 필요한 것 91 | 순박한 라오스인들 94 | 역사는 승자가 바꾼다 97 | 절망을 희망으로 바꾼 동남아 여행 100

장애 동생과 떠난 유럽 특별훈련 • 103
목표는 28개국, 신발끈 바짝 매 103 | 로스차일드 가문의 시작, 프랑크푸르트 105 | 강소국 베네룩스의 생존법 107 | 네덜란드의 실용성, 스칸디나비아의 백야 110 | 잿더미에서 일어난 독일처럼 116 | 터키의 머리 아픈 화폐 개혁 122 | 그리스의 노숙 형제 125 | 이탈리아 밤차에서 덜 털리는 법 128 | 영원한 1등은 없다 129 | 산악국 스위스의 고집 131 | 못 말리는 스페인 정복욕 134 | 프랑스는 어떻게 강국이 되었나? 136 | 영국, 신사의 나라로 인정 141 | 고맙다, 견뎌줘서 자랑스럽다 143

이별여행이 될 뻔했던 뉴질랜드 신혼여행 • 146
결과 중시남과 과정 중시녀의 동행 149

2장_ 비즈니스맨으로 세상을 누비다

나는 자네가 제일 부럽네 • 157
언제 외국 친구의 도움 받을지 몰라 163 | 싸게 팔 테니 말 한 마리 사는 게 좋아 166 | 평생학습이 박사학위를 이긴다 170 | 유럽식 영어 발음이면 통한다 172 | 이케아 한국 유치는 우연한 기회에 175 | 터미네이터를 미국인으로 안은 개방정신 178 | 영어 프레젠테이션의 달인 180

해외에서 사업기회를 발굴하자 • 186
나는 무역업을 위해 태어났다 186 | 칭다오 맥주가 한국에 밀려온다 189 | 해외사업에서 망하는 법 192 | 호주에서 받은 삼성물산의 러브콜 196

이 잡듯이 뒤졌던 해외 시장 조사 • 200
택시 기사에게 배운 터키 회화 203 | 최대한 많은 곳을 다녀야 지역전문가 206 | 비밀 천지와 열기구 사고 210

중앙아시아 초원에서 달린 여름휴가 • 214
저 푸른 초원을 말 타고 횡단하고 싶다면 219 | 순종하고 복종하며 살아온 것뿐인데 222 | 투자 유망지 선정하는 법 225

3장_ 그래 떠나, 안도현처럼

인생에서 가장 소중한 것 • 231

외국계기업, 이사와 매니저가 한끗 차이 • 238
계급장 뗀 대만의 매장교육 239 | 90개국 인종들이 모인 회사 243 | 24시간 안에 5개국 점프하기 247

또 다시 실업자가 되다 • 256
9회말 역전 만루홈런 257 | 오르막이 있으면 내리막도 있지 259

그래도 여행과 도전은 계속된다 • 266
동남아 매장 오픈의 진기록 270

에필로그_ 떠나지 않으면 보이지 않고 걷지 않으면 도착할 수 없다 • 275

> 노예가 노예로서의 삶에 너무 익숙해지면 놀랍게도
> 자기 다리에 묶여 있는 쇠사슬을 서로 자랑하기 시작한다.
> 어느 쪽의 쇠사슬이 빛나는가, 더 무거운가 등.
> 그리고 쇠사슬에 묶이지 않은 자유인을 비웃기까지 한다.
> 더욱 놀랍게도 현대의 노예는 스스로 노예라는 자각이 없다.
> 뿐만 아니라 그들은 노예인 것을 유일한 자랑거리로 삼기까지 한다.
> _ 리로이 존스
>
> I knew if I stayed around long enough,
> something like this would happen.
> (우물쭈물하다가 내 이럴 줄 알았지)
> _ 조지 버나드 쇼의 묘비명

1장

죽으러
간
여행에서
살길을
찾다

산에서 잠들면 쉽게 죽을 수 있어

'아 이제 죽는 건가?'

1996년 1월, 22살의 사수생인 내 얼굴은 창백하게 변해가고 있었다.

김이 나는 스테인리스 대야에 담긴 물 색깔은 점점 빨개졌다. 갑자기 어지럼증을 느낀 나는 물이 붉게 물드는 모습을 보면서 여러 가지 생각이 들었다. 겨우 스무 살짜리가 사랑도 한 번 못 해보고, 대학에 합격하면 마음껏 놀겠다고 반 평짜리 골방에서 3년을 죄인처럼 보내다니. 고양이처럼 웅크리고 지내다보니 내 눈은 근시가 되었고 말소리도 웅얼웅얼 속삭이게 되었다.

대학에 4번이나 실패한 나는 카프카의 소설 〈변신〉의 주인공처럼 세상에 쓸모없는 벌레가 되어 있었다. 매번 실패만 하는 낙오자 인생, 더 이상 버틸 수가 없었다. 미안하고 창피해서 누구도 만나고 싶은 생각이 들지 않았다. 네 번째 도전하던 날에는 잠을 제대로 못 자고 감기까지 걸려서 수능시험을 망쳐버렸다.

'나 같은 놈은 죽어버려야 해.'

끊임없는 열등감과 패배의식은 내 심장을 조이고, 계속되는 실패는 삶의 가치를 느끼지 못하게 했다. 궤도에서 어긋나버린 기차가 되어 다시는 남들처럼 멋진 미래나 인생을 살 수가 없을 것 같았다.

'대학도 계속 떨어지고, 키도 작고 머리도 나쁘고, 싸움도 못 하고, 말도 못 하고, 경제적 여유도 없고, 잘생기지도 않았고, 잘하는 것도 없는 나는 세상에 쓸모없는 놈이다. 여러 사람에게 피해주지 말고 그냥 세상에서 사라지자.'

선홍색 피를 보니 세상이 하얗게 보이면서 환상이 보이기 시작했다. 술을 마시면 으레 죽은 마누라를 부르며 울먹이던 고시원 주인아저씨가 생각났다. 노량진에서 고시원을 운영하는 김 씨 할아버지. 밀린 고시원비를 한꺼번에 내도 재촉하지 않았던 할아버지와 가끔 순대볶음을 사다주면서 맥주도 얻어먹는 자리를 만들기도 했다.

'죽어도 여기선 죽지 말자. 적어도 불쌍한 할아버지에게 피해주지 말고, 차라리 깔끔하게 바깥에 나가서 죽자' 싶은 생각에 피가 가득한 세숫물을 화장실에 버렸다. 바닥은 온통 빨갛게 젖었고 비릿한 피냄새가 가득했다. 나는 마지막 힘을 다해 바닥을 청소하고 고시원 방에서 다시 잠이 들었다.

며칠 동안 여러 시도를 했다. 한강에 뛰어들려고 했지만 자살한 사수생 소식이 뉴스에 나올까 봐 포기했다. 술에 취해 사고사로 가볼까 해서 소주를 잔뜩 마시고 길바닥에 누웠더니 결국 차들이 멈추고 경찰까지 출동해 미수에 그치고 말았다. 약을 먹는 건 고통스러울 것 같았다. 이래저래 죽는 것조차 쉽지가 않았다.

술에 취한 채 고시원 방에 누워 있는데 라디오에서 가곡이 흘러나왔다.

'초연이 쓸고 간 깊은 계곡, 깊은 계곡 양지녘에

비바람 긴 세월로 이름 모를, 이름 모를 비목이여.'

'비목'을 듣고 있으니 한국전쟁 동안에 사망한 무명용사의 구멍 난 철모와 강원도 산골에서 동사한 미군의 이미지가 떠올랐다.

'그래 떠나자, 눈 덮인 산속에서 잠들면 쉽게 죽을 수 있어.'

강원도 이름 모를 산꼭대기라면 아무도 내 시신을 찾을 수 없을 테고, 자다가 동사하는 것이니 죽는 것도 어렵지 않겠다는 생각과 이문열의 소설 〈젊은 날의 초상〉이 떠오르면서 더욱 강원도에 가고 싶었다. 가죽점퍼와 청바지 그리고 노트 한 권을 들고 난

생처음으로 강원도로 떠났다. 노량진에서 상봉역까지 지하철을 타고 상봉역에서 신철원행 버스를 탔다.

해 저문 철원, 살을 에는 한기와 어둠 속을 지쳐 쓰러질 때까지 걸었다. 이제 죽을 수 있는데 너무 춥고 배가 고프니 정신이 혼란스러워지면서 살려고 발버둥치기 시작했다.

'오늘은 너무 춥다. 일단 오늘은 버티고 내일 죽자.'

나는 불 켜진 민가를 찾아 부지런히 산을 내려왔고 호수가 보이는 동네 이장 댁에 들러 하루를 머물게 해달라고 부탁했다. 그 집에 있는 초등학생 아이에게 넌 참 아름다운 곳에 사니까 좋겠다고 했더니 아이는 사투리로 말했다.

"아니래요. 울 선생님이 그러는대요. 전쟁 나면 폭탄 떨어져 다 죽는대요."

강원도는 군사도시여서 곳곳에 군부대와 훈련장이 가득하다고 했다.

다음 날, 나는 초등학교 교실에서 하루를 더 보내고 그다음 날은 빈집으로 옮겼다. 그렇게 죽음을 하루씩 연기하면서 동쪽으로 걸어갔다. 어둠이 산을 덮고 눈이 가득한 산등성이를 한참을 올라가자 옅은 달빛이 짙은 구름에 잠기면서 세상이 암흑에 휩싸여 있었다.

한 걸음 한 걸음 긴장된 숨을 가쁘게 몰아쉬며 올라가는데 오

1장
죽으러 간 여행에서 살길을 찾다

른발을 헛디뎌 미끄러졌다. 내리막 경사가 있는 것 같아 돌 하나를 던져봤는데 한참 뒤에야 "첨~벙" 하는 소리가 들렸다. 순간 다리에 힘이 풀려 길에 엎드리고 말았다. 다시 한 번 큰 돌을 집어 던졌는데 역시 한참 뒤에 소리가 났다. 수백 미터 낭떠러지가 바로 옆에 있었던 것이다. 어둠의 공포와 추위로 인해 나는 정말로 죽는 순간에 임박했다.

나는 신에게 살려달라고 울부짖었고, 해가 뜰 때까지 몸을 부비며 살고 싶은 욕망과 공포에 시달렸다. 멀리 아침 해가 뜨자 내 옆에 높인 수백 미터 낭떠러지가 그리 깊지 않은 곳이라는 사실과 돌이 구르면 한참 뒤에 소리가 난다는 사실도 알게 되었다. 결국 공포는 실제보다 더 크게 내 안에서 자라난 것이다. 어쨌거나 나는 무척이나 살고 싶었던 것이다.

그렇게 두 달 동안 강원도를 횡단하면서 삶과 죽음을 피부로 느꼈고, 한민족인 강원도 사람을 피부 깊숙이 담았다. 고통과 추위, 굶주림 속에서 하나씩 채워지는 진리들을 모았다. 결국 길은 하나다. 어떤 이는 뛰어가고 어떤 이는 고급 승용차를 타고 간다. 어떤 이는 장애인으로 태어나 기어가고 어떤 이는 빨리 가려고 다른 사람을 밀친다. 어떤 길이든 죽음이라는 같은 목적지로 향하고 있다.

그렇게 걷고 걸어서 나는 가평으로 갔고 춘천에서 소양강을 건너 양구의 백두산 마을을 지나 원통에 이르렀다. 오랫동안 걸으니 무릎이 아파서 한계령에서는 무척 힘들었다. 다행히 한계령 초입에서 한 여대생과 같이 걷게 되었다. 부모님이 근처에서 휴게소를 운영하시고 자신은 강릉에서 학교를 다니는데, 언니의 결혼식이 있어서 집에 가는 중이라고 했다. 잠깐의 만남 뒤에 다시 한계령 입구로 걷고 있는데, 멀리서 소리가 들렸다.

"저기요, 식사하고 가세요!"

나는 아픈 다리로 뛰어서 불 꺼진 그의 휴게소로 갔다. 향긋하게 구워주는 닭갈비에다 잔치음식까지 싸주셨다. 더 욕심이 생겨 그만 하룻밤 신세도 부탁했지만 거절당했다. 속초로 가는 강원도 한계령은 길었다. 중간에 마주친 터널에서 나도 모르게 코끼리 코를 하며 빙빙 돌았다. 온통 대낮처럼 환한 세상에서 저 멀리 양쪽에 동전만 한 검정 구멍이 보였다. 동전 방향을 향해 한참을 걷는데, 아무래도 아까 지나왔던 곳이 내가 가고 있는 것 같아 다시 반대쪽으로 갔다. 돌아가는데 또다시 아까 왔던 길 같고, 그곳에서 거의 한 시간을 왔다 갔다 하다보니 짜증이 확 올라왔다. 한 곳만 보고 가다보면 내가 가는 곳이 좀 전에 왔던 곳 같고, 다시 돌아가면 거기가 거기 같고.

'소신은 없고 의심은 많고 우유부단하기는. 벌써 한 시간째다.

그냥 한 곳으로 가자. 설사 그곳이 아니더라도 절대로 흔들리거나 의심하면 안 된다. 설령 그곳이 내가 맨 처음 시작한 곳이라 할지라도 출발점을 알면 반대로 돌아가면 되니까.'

결국 난 한계령 중간쯤에서 쓰러졌다. 다행히 속초에서 택시를 타고 지나던 원통에 사는 주방장에게 구출되어 몇 주간 주방장의 보조 일을 하게 되었다. 고급 음식과 따뜻한 생활에 익숙해지자 나는 다시 떠나야 한다는 생각이 들었다. 그래, 속초로 가자. 동해에 빠져 죽으면 좋겠다는 생각도 했다.

속초에 도착해 군대에 있는 친구를 면회하고 여관에서 잠이 들었는데 TV에서 〈공자전〉을 하고 있었다. 마치 신의 계시인 양 공자의 '조문도석사가의(朝聞道夕死可矣)'가 들렸다. '아침에 도를 들으면 저녁에 죽어도 좋다.'

아, 나는 감히 세상의 이치를 깨닫기도 전에 생을 마감하려고 했다. 한번 떠나보자. 그래서 진짜 죽어도 좋을 순간에 죽어보자.

강원도를 여행하면서 내 생명과 삶이 이 세상 무엇보다도 소중하다는 걸 느꼈다. 그런데 내 이기심과 편견 그리고 열등감이 나를 사지로 몰았다. 나보다 더 어렵고 고통스러운 사람들이 많고, 인생이란 모두 같은 목적지가 있으며 단지 속도나 가는 방법에 차이가 날 뿐 누구에게나 동등하게 주어져 있다. 조급해하거나 서두를 필요 없이 식사 한 끼에 감사하고 편안한 잠자리에 행복해하며, 살아야 한다는 것도 깨달았다.

세상에는 더 많은 깨달음과 이치가 있을 것이다. 그래, 살아보자. 군대에 가고 일을 해보고 그리고 나중에 대학에도 다시 한 번 도전해보자.

미국, 지금이 아니면

안 돼

"여기 100만 원."

조그만 섬마을 다섯 평짜리 집에서 사는 할머니는 냉동실 안에다 모아둔 만 원 뭉치를 꺼내주셨다. 독거노인에게 나오는 보조금을 조금씩 모았다면서 내 미국 경비에 보태주셨다.

군대를 마치고 수능시험을 봤지만 또 실패했다. IMF 이후 아버지의 사업은 크게 기울었고, 동생이 사고로 손을 다쳐 집안에 웃음이 사라졌다. 나는 미래도 없고, 돈도 없고, 웃음도 없는 현실에서 벗어나고 싶었다. 영어학원에서 아르바이트를 하면서 공짜 수업을 듣게 되었고 강아지 한 마리를 사서 강아지와 영어회화를 시작했다. 미국에 갈 기회가 생겼지만 돈이 없어 고민할 때 할머니를 포함한 가족들이 돈을 모아주었다.

가족들은 동생의 사고 충격으로 정신적, 경제적으로 힘들어했고, 내 나이도 적지 않았지만 나는 더 큰 세상을 경험하고 성장해야지만 동생도 치료할 수 있고 나도 구할 수 있다고 생각했다. 처음에는 가족들도 만류했다.

'아니야. 지금이 아니면 안 돼. 죄송하지만 지금 아니면 미국에 갈 수 없어.'

미국에서 가장 저렴한 주립대를 향해 한 달 생활비를 들고 난생처음 외국행 비행기를 타는 나는 설렘과 긴장에 잠을 이룰 수가 없었다. 의자의 버튼을 잘못 누르면 승무원에게 피해를 주는 것 같았고, 혹시나 문이 열릴까봐 화장실 손잡이도 조심스럽게 잡았다.

좁은 좌석에 앉아 있는 덩치 큰 미국인과 은발의 노신사들과 자연스럽게 이야기할 기회가 생겼다. 다들 멋진 삶을 사는 것 같았다. 군복을 검게 물들여 입은 바지와 브로큰 영어를 몇 마디씩 하는 작고 볼품없는 내 모습이 무척 초라해 보였다. 긴 비행을 마치고 마침내 미국에 도착했지만 충분한 경비도 없이 입국하는 바람에 심사대에서 입국 비자가 취소될까봐 불안에 떨면서 간단한 대답을 마쳤다.

최종 목적지, 숙소, 체류 기간 등 간단한 답변을 하고 나는 미국 입국 승인을 받게 되었다.

주립대 중에서 등록금이 가장 저렴한 편이었던 아칸소 주립대학 기숙사에 밤늦게 도착했다. 기숙사에는 알 수 없는 연기와 퀴퀴한 냄새 그리고 낙서가 가득했다. 감옥의 철문같이 커다란 문이 여닫을 때마다 굉음을 내면서 이방인을 환영했다.

며칠 뒤, 나는 기숙사에서 총성을 들었고, 누군가가 죽었다는 말을 들었다. 며칠 전 만났던 〈톰 소여의 모험〉에 나오는 순진한 남부 흑인의 얼굴을 가진 어린 학생이었다. 총기 소지가 자유로운 미국의 위험성을 피부로 실감한 순간이었다.

Do Not be Afraid to Learn

영어를 배우고 문화를 익혀야겠다는 목표를 무시라도 하듯 보수적인 남부 백인들은 내게 한마디 말도 걸지 않았다. 대신에 지나가면서 "워접" 하며 고개를 위로 끄덕이고 지나간다. '뭐라는 거지? 왜 나만 보면 '워접'이라는 거야? 내가 뭘 했기에 워접(War Japs)이냐고?'

'워접'은 영영사전에도 나오지 않았다. 점심시간에 식판을 들고 옆에 앉아 말을 걸려고 하면 대뜸 식판을 들고 다른 곳으로 자리를 옮기기 일쑤고 그나마 말을 건다 해도 "What?"이란 짜증 섞인 몇 마디와 "아로내스탠 맨(I don't understand, Man)"만 돌아왔다.

토익 점수도 높고 CNN도 대충 알아듣는데도 그들의 말은 못 알아들었다. 단절된 나는 혼자 밥을 먹거나 한국인이나 일본인 친구들과 어울리게 되었다.

한번은 혼자 밥을 먹다가 TV를 보고 있는 한 동남아시아인과 이야기하게 되었다. 그 친구는 내 말을 알아들었고, 매우 천천히 자기의 생각을 내게 전해주었다. 차츰 친해지고 난 뒤 그에게 '워접(wazzup)'이 무슨 뜻이냐고 물어보니 hi와 hello같이 가벼운 '안녕, What's up(What is the update?)' 인사였던 것이다. 또래끼리 쓰는 구어체 인사를 외국인이 모르는 건 당연한 일인데 그 말에 자존심 상했던 것이 부끄러웠다. 친구 역시 쉬운 표현으로 말하라면서 한국인들이 복잡하게 말하는 건 영어에 대한 열등감 때문이라고 충고했다.

필리핀 태생의 이 친구는 미국 공군과 결혼한 필리피노 어머니를 따라 다섯 살에 아칸소에 왔으며, 자신을 시라큐스(Syracuse)라고 소개하면서 컴퓨터교육 회사의 부사장이라고 말했다.

어릴 적부터 인종차별에 맞서기 위해 타이복싱을 연마했으며, 경제학을 전공하는 중이고 농구와 음악을 좋아한다고 했다. 금세 우린 친구가 되어 그해 가을을 함께 보냈다. 어느 날은 나를 자기의 사장에게 소개해주겠다며 핫스프링스(Hot springs)로 데려갔다.

끝없는 논과 아칸소 주의 수도인 리틀록(Little Rock)을 지나면 푸른 산과 온천 그리고 크리스털로 유명한 핫스프링스가 나온다. 빌 클린턴의 고향인 호프(Hope)와도 멀지 않아 클린턴이 자주 오던 곳인데 관광지로도 유명하다.

여기에 타운하우스가 있다. 출입하려면 삼엄한 경비를 통과해야 했다. 미국의 정재계 주요 인사들이 노후를 보내는 곳으로 제한된 사람들만 출입하며, GE나 마이크로소프트 출신 엔지니어들이 산다고 한다. 친구가 집 몇 채를 보여주었는데 요트나 경비행기가 있는 부유한 집들이었다.

나는 스웨덴계 이민자 후손으로 산타클로스처럼 생긴 댄을 만났다. 그는 처음 보는 나에게 어떻게 자신을 만나러 왔으며 한국에서 아칸소까지 오게 된 루트를 알려달라고 했다. 쉴 새 없이 쏟아지는 그의 질문에 일일이 대답하면서 내 삶의 과정을 말하게 되었다. 그는 내 질문에 다시 질문을 해왔다. 난 내가 알고 싶은 것을 묻고 그는 내게 되물어서 결국 대답을 해야 했다.

그는 로즈 힐만(Rosehillman Institute)에서 6개 학문을 전공했고 기업을 경영했으며 현재는 교육재단 설립을 준비하고 있단다. 자신이 월마트와 GE에서 일했으며, 세계적인 기업체를 운영하고, 무기 거래 등을 통해 엄청난 부를 축적했으나 건강 문제로 은퇴

해 교육 콘텐츠를 생산하는 재단 설립을 구상한다는 그의 말을 신뢰할 수 있었다.

나는 그에게 앞으로 하고 싶은 취업과 경제적 성공에 대해 이야기했고, 그는 인터뷰 기술과 사업의 성공비결을 알려주었다. 〈손자병법(the art of war)〉의 '지피지기면 백전불태(知彼知己百戰不殆)'를 예로 들면서, 면접자에게 먼저 질문하는 기술로써 면접에서 이기는 법을 가르쳐주었다. 또한 사업의 성공을 위해서는 사업제안서와 자신감의 중요성을 강조했다.

그는 스물다섯 살에 대학을 졸업하면서 만든 사업제안서를 들고, 비서가 도착하기 전부터 아침 일찍 출근한 사장에게 5분 면담을 요청해 투자를 이끌어낸 경험을 들려주었다. 빌 게이츠와 쟁쟁한 사업가들 이야기, 이스라엘 무기 협상과 사업가 마인드, 빌더버그 회의(Bliderberg Meetings)와 월마트 시스템 등 내가 못 알아듣는 영어를 몇 시간이나 계속했고 내 머리는 점점 뜨거워졌다. 온갖 전문 경영용어가 끊임없이 쏟아져 나왔다. 뭔지는 몰라도 최대한 많이 알고 싶어 그의 얘기를 녹음하고 필기했다.

'나도 CEO가 될 수 있을까?'라는 질문에, 그는 내게 "네가 만약 내 제안서를 잘 이해하고, 투자를 받는다면 너는 우리 회사의 부사장이 될 수도 있고, 그럼 한국에 가서 사장이 될 수도 있다."고 말했다. 아울러 CEO가 되기 위해서는 경영, 컴퓨터, 마케팅(유통), 세일즈, 투자(금융), 엔지니어링, 법(공공정책) 등을 잘 알아야 한다고 조언했다.

"나는 영어도 못하고, 돈도 없고, 머리도 좋지 않고, 실력도 없는데 어떻게 할 수 있느냐?"고 물었더니 그는 "어떻게 하면 그 모든 것을 개선할 수 있느냐?"라고 되물었다. 나는 "배우면 할 수 있지 않냐?"고 대답했다. 그러자 그는 "그럼 왜 배우지 않았냐?"고 물었다. 나는 "아무도 가르쳐주지 않았고 모르는 분야를 배우는 게 두려웠다"고 말했다.

"배우는 것을 두려워하지 마라(Do not be afraid to learn)!"

그는 영어는 방법만 알면 잘할 수 있고, 돈 버는 방법은 직접 벌어보면 되고, 지능은 꾸준히 계발하면 되고, 실력 또한 늘릴 수 있다고 했다. 먼저 영어를 잘하는 방법으로 빠르게 책을 훑어보고 다시 여러 번 반복해서 읽으며 핵심을 파악하는, 일명 '사진촬영독서법(Photo Reading)'을 가르쳐주었다. 일단 명사를 색칠하면서 책 한 권을 끝낸다. 그리고 반복해서 눈으로 사진 찍듯 이미지를 기억하는 연습인데 차츰 영어 독서 속도가 빨라졌다.

또한 지능을 개선하기 위해서는 복잡한 수학과 로직을 설계하는 방법을 가르쳐주었고, 사업 제안에 필요한 복잡한 경영 전문 용어들도 일러주었다.

"사업에 도덕과 과거는 없다. 오직 이윤을 추구하면서 미래를 볼 뿐이다."

"그 이윤을 통해 긍정적인 변화들을 가져오고, 인류에게 현재보다 나은 미래를 주는 것뿐이다."

게다가 이미지를 통해 상황을 분석하는 법, 절대로 지지 않는 협상 전략, 컴퓨터 프로그래밍, 제안서를 통한 사업 투자방식 그리고 지적자산과 보안의 중요성까지도 설명했다.

경영의 일가를 이룬 천재 사업가가 계속해서 쏟아놓는 강의를 들으니 무엇이든 할 수 있을 것 같았다. 그 모든 걸 배우기 위해서 무엇에든 도전할 수 있을 것만 같았다.

500달러짜리 지니와 함께 미국 횡단

경비를 아끼기 위해 한국인 형과 흑인 학생이 사는 컨테이너 집의 소파에서 거주를 시작했다. 한 달 월세가 100달러 정도로 저렴했지만, 흑인 친구가 여자 친구를 데려오는 날엔 밤새 컨테이너가 흔들려 도통 잠을 잘 수가 없었다. 이발비를 아끼려 머리를 서로 깎아주었는데 머리카락이 말린 흑인 룸메이트의 이발은 쉽지가 않았다.

이후 중국 식당에서 웨이터로 아르바이트를 했다. 팁으로 수입을 얻는데 가족 단위 손님을 받아야 그나마 5달러 이상을 받았다. 오래 일해온 영어 잘하는 기존 웨이터의 텃세도 심했고 항상 팁을 적게 주는 흑인과 아이 동반 손님들이 내 테이블로 배치됐다. 일은 많은데 팁은 늘 너무 적었다. 매일 저녁 웨이터들이 모여 돈을 세는데 남들에 비해 10분의 1도 못 버니 속이 쓰렸다.

어느 날, 다섯 살짜리 아이가 음식을 쏟고 넘어졌는데도 백인 부모는 일으켜 세우지도, 치워주지도 않으면서 네가 실수했으니 굶어야 한다고 말하는 것이다. 아이는 울지도 않고 스스로 일어나더니 쏟은 음식을 주워 담았다. 한국 부모와는 달리 어린아이를 독립적으로 키우는 모습을 보면서 남을 원망하고 누군가 날 도와주기를 바랐던 내 유약함을 반성했다.

'그래, 모든 건 내 책임이고 내가 처리해야 해.'

팁을 적게 주는 손님만 배치하는 선배 웨이터와 많은 일 등을 원망하던 나는 결국 모든 것이 내 책임이자 실력이니 다시 노력해보자고 생각했다.

이후 나는 웨이터 일을 즐기기로 했다. 영어라도 늘리자는 생각에 손님들과 이야기를 많이 하게 되니 테이블은 더러웠고 청소도 느렸지만 신기하게도 팁이 계속 늘어났다. 이야기를 많이 하다 보니 친구들도 많아졌다. 특히 흑인 영어를 하면서 흑인들과 친해지자 기분파인 그들은 팁을 10달러씩 놓고 가고, 아이들과 대화

1장
죽으러 간 여행에서 살길을 찾다

하면서 젓가락질을 가르쳐주자 1달러를 놓던 아이 부모들이 5달러를 놓고 갔다. 혼자 온 카우보이들은 이내 말벗이 되어 10달러를 주고 갔다. 단골이 늘고 친해지자 팁은 자연히 더 많아졌다.

또한 저녁에 동료들과 함께 돈을 세지 않게 되었다. 그들은 연말에 내가 최고의 팁을 받았다는 것을 알고는 매우 놀라워했다. 매일 몇 시간씩 손님들과 대화하다 보니 회화도 훨씬 자연스러워졌다. 돈을 좇기보다 일을 즐기면 돈은 저절로 따라온다는 사실을 체득하게 되었다.

그렇게 번 돈으로 한국인 형으로부터 혼다 시빅 88년식 차를 500달러에 구입했다. 첫 미국 수출 차량의 경우 혼다와 도요타에서 '혼신의 힘을 다해 만들었다'는 혈서를 썼다는 소문이 있을 정도로 신뢰도가 높았다. 틈틈이 근처 캔자스, 오클라호마시티, 텍사스 주를 방문하면서 장거리 운전에 대한 감각을 익혔다.

여름방학이 되자 미국인 룸메이트와 지도를 보다가 나는 미국을 횡단하겠다고 결심했다. 장님 코끼리 만지듯 아는 것이 아닌, 미국이란 땅을 다양하게 체험하고 접근해보고자 미국의 모든 주를 가보는 여행에 도전하고 싶었다.

많은 이들이 위험하고 미친 짓이라고, 고물차라서 고장이 나거나 사고가 날 거라고 했다. 한국 유학생들은 나를 돈키호테처럼 무모하다고 말렸다.

'그래 해보자, 두려워하지도 말고 죽더라도 후회하지 말자. 미국 횡단을 떠나보자.'

트렁크에 영양제, 침낭, 모기약, 물통, 기름통, 랜턴, 맥가이버 칼, 간단한 옷가지, 카메라를 넣은 플라스틱 박스, 음료수와 통조림을 넣은 아이스박스를 실었다. 고장 난 문과 흔들리는 시트는 테이프로 고정하고, 공구와 예비 타이어도 준비했다.

한여름 볕이 쏟아지는 6월의 마지막 날, 나는 아칸소에서 미주리 주의 국경을 통과해 캔자스시티에 도착한 후 몇몇 도시를 구경한 뒤에 로렌스의 호수에서 수영도 했다.

로렌스는 〈오즈의 마법사〉의 배경이다. 어릴 적 방송으로 듣던 '캔자스 외딴 시골집에서'의 마을로 허수아비, 사자, 양철 로봇 캐릭터들이 도시 여기저기에서 방문객을 안내하고 있었다.

무지개가 걸린 캔자스의 고속도로를 달리다 저녁에는 한적한 도로변에 차를 세웠다. 하늘에 별들이 쏟아질 듯 세상의 절반을 덮었고, 주변에는 불빛 하나 보이지 않았다.

차 지붕에 누워 하늘을 바라보니 숱한 유성이 빛을 내며 어두운 밤하늘 사이로 지나갔다. 외계인이나 ET 아니면 별자리 이야기들이 튀어나올 것 같은 넓고 깊은 공간이 세상을 내려다보고 있었다. 별무더기가 가득한 밤하늘을 보니 스티븐 스필버그 감독의 우주에 대한 애착과 상상력이 이해가 갔다.

운석들은 하늘에 스크래치를 내며 동서로 지나갔다. 소리를 지르고 노래를 불러도 아무 듣는 이 없는 곳에서 신과 나의 대화가 침묵 속에 이어졌다. 그러다가 볼이 따가워지고 이슬에 온몸이 젖었다는 걸 알았다. 아침이 왔고 나는 씻고 다시 길을 달렸다.

수평으로 뻗은 고속도로는 주유소에 들르지 않으면 한 번도 핸들을 꺾을 일이 없었다. 나는 막대기와 테이프로 핸들을 고정하고, 시트를 뒤로 제치고 엑셀을 계속 밟았다.

미국의 하이웨이에는 중앙 분리대가 없고 양 차선 사이에 넓은 공간이 있어서 큰 사고가 나지 않는다. 대신 일정한 속도로 계속 달려야 크루즈 기능으로 달려오는 후방의 차들과 추돌 사고가 나지 않는다.

직선 코스만 달리다보니 라디오 듣기도 심심해져서 차에 '지니(Jenny)'라는 이름을 붙이고, 차와 대화를 시작했다.

"지니야? 배고프지 않냐? 난 배고픈데. 그럼 다음 휴게소에서 난 밥을 먹고, 넌 기름을 먹으면서 쉬지 않을래?"

영화 〈캐스트 어웨이〉에서 톰 행크스가 배구공에게 윌슨이라는 이름을 지어주고 대화하는 것 같은 상황이었다.

끝없는 지평선의 주변에는 집 한 채 없다. 저 멀리 자유로이 풀을 뜯고 있는 소들이 보인다. 여기서는 봄에 소를 풀어놓는다.

"도대체 저 소들의 주인은 누굴까?"

여기저기 조그만 토네이도들이 공중에 까만 선을 그리며 하늘로 올라가고 있다.

태양은 분명 서쪽으로 사라졌는데 언덕을 넘으니 다시 해가 같은 장소에 떠 있다. 붉게 물든 노을. 끝없이 펼쳐진 초원과 도로. 그리고 반 시간 만에 한 번씩 보이는 집. 갑자기 '광야에서'라는 노래가 생각났다. 남북이 갈려 섬나라처럼 되어버린 한반도에도 대륙의 기질과 광활한 만주 벌판이 있는데, 서로 총구를 겨누며 대치하고 있는 우리 민족이 안타까웠다.

"찢기는 가슴 안고 사라졌던 이 땅의 피울음 있다.
부둥킨 두 팔에 솟아나는 하얀 옷의 핏줄기 있다.
해 뜨는 동해에서 해 지는 서해까지
뜨거운 남도에서 광활한 만주 벌판~
우리 어찌 가난하리오, 우리 어찌 주저하리오.
다시 서는 저 들판에서, 움켜쥔 뜨거운 흙이여."

눈물이 흐르고 가슴이 벅차올랐다. 이 무한한 대지를 달리다 보니, 과거 선조들이 만주 벌판을 누비던 장면이 보이고 동아시아를 주름잡았던 고조선인, 고구려인의 함성이 들리는 듯했다. 유전적 질주본능이 있음에도 대륙을 질주하지 못하는 게 아쉬웠다.

끝없이 펼쳐진 대지를 횡단하면서 '지니'는 단순히 외로움을 달래줄 자동차의 역할에 머물지 않았다. 남부 사투리에 익숙한 나는 서부로 가면서 서부의 거친 악센트를 들을 수 있었고, 라디오가 나오면 끊임없이 발음과 표현을 따라서 했다. 나 역시 지니에게 영어로 말을 걸면서 뿌리 깊이 박혀 있는 내 안의 모국어 한국어를 조금씩 잊을 수 있었고, 지니를 미국인처럼 생각하며 대화해서 혼잣말을 하면서 원어민처럼 사고할 수 있었다. 지니는 나에게 영어로 질문을 했고, 나 역시 라디오에서 들은 표현을 사용하면서 대화를 하게 되었고 길에서 만난 현지인들과의 의사소통이 가능하게 되었다. 그들은 더 이상 혀를 꼬며 빨리 말하는 미국인이 아니라 지니와 같은 회화 상대였던 것이다.

수십년간 했던 영어 공부보다, 모국어를 잊고 라디오 뉴스를 듣고 따라 하는 것과 자동차를 대상으로 아는 모든 표현과 단어들의 조합을 끌어내 수십일을 반복하다 보니 영어는 더 이상 외국어가 아니었다. 즉, 모국어가 완벽하게 단절된 상태에서 현지 언어에 대한 귀를 해방시키고, 라디오 발음을 듣고 따라서 하며, 대화 대상을 정해 24시간 이야기를 하고 생각을 전달하는 연습을 하는 것이 모든 외국어 학습의 지름길이었던 것이다. 미국인들은 내가 미국 서부 해안가에 사는 동양인이나 캐나다 벤쿠버에서 사는 동양인으로 생각하며 내가 영어를 못할 것이라는 편견을 버리고 편안하게 대해주기 시작했다.

아저씨, 쏘지 마세요

어느덧 땅이 어두워졌다. 빈 초원은 쌀쌀하고 여기저기서 늑대 울음소리가 들린다.

'이런… 세상에 나 혼자뿐인가? 코요테의 울음소리와 추위에 떨면서 혼자 잠들고 싶진 않다.'

불빛이 보이는 곳을 향해 차를 몰았다. 주유소와 여관들이 보인다. 앞으로 갈 곳이 몇 만 킬로미터인데 기름 값만 겨우 있다. 여관이나 식당은 어림도 없지만 배고프고 피곤하다. 할 수 없으니 오늘도 신세를 지자.

커다란 목장 집을 발견했다. 주위에는 그 집이 유일했다. 강원도를 횡단할 때처럼 모르는 집에 차를 세우고 초인종을 눌렀다. 인기척이 없었다. 불은 켜져 있는데 대답이 없었다. 다시 한 번 초인종을 눌렀다. 대문이 열리고 한 할아버지가 총을 겨누며 내게 소리쳤다.

"젠장, 내 집에서 꺼져!(What the hell, get away from my home!)"

나는 급하게 쏘지 말라고 소리치면서 큰 소리로 말했다.

"저는 여행 중인 학생인데 길을 잃었습니다. 잘 곳도 없고 기름도 없어요. 대신 내일 일을 해드릴 테니 도와주세요." 짧은 협상이었다. 인력이 부족했으니 나쁘지 않은 제안이었다. 조용하던 개가 컹컹거리며 짖는 소리가 들렸다. 총을 손에 쥔 할아버지는 나를 한참을 보더니 집 안으로 들여보냈다.

60대로 보이는 수염이 가득하고 아랫배가 두툼한 할아버지와 성경책을 품고 있는 자상하이 보이는 할머니 그리고 커다란 리트리버 두 마리가 나를 맞았다.

곧이어 애플파이와 샐러드, 닭고기 스튜와 빵을 내오셨다. 한국에서 왔다는 내 말에 할아버지는 "한국은 아직도 전쟁 중이냐? 너는 개고기 먹느냐?"라는 대부분의 미국인들이 반복해서 묻는 두 질문을 던졌다.

"휴전 중이지만 한국전쟁 드라마처럼 천막에서 살지는 않고, 개고기는 일부 사람만 먹어요"라고 대답했다.

할아버지는 자기 친구가 한국전 영웅이었고 자기가 몇천 에이커의 땅과 몇천 수의 소떼 주인이라면서 보스턴에서 변호사로 일하는 아들과 애틀랜타에서 대학을 다니는 딸들의 사진을 보여주었고, 말에서 낙상해 죽은 막내아들 얘기까지 해주었다.

그리고는 막내아들이 쓰던 새하얀 침구, 가족사진과 풋볼 경기, 로데오 사진이 있는 방으로 나를 안내했다. 죽은 지 오래되었다고는 하지만, 방을 그대로 보존하며 자식을 그리워하는 노부부의 눈빛이 흔들리는 것을 느꼈다.

다음 날 이른 아침, 할아버지는 커다란 말과 조그만 말을 데려와 내게 소들을 보러 가야 한다면서 창 넓은 카우보이 모자를 건네주었다. 둔해 보이던 노인은 담배를 오물거리며 초보자인 나를 두고 훨씬 앞서 멋지게 달려갔다. 말에서 추락한 아들의 방에서 잤기 때문에 나는 매우 조심스러웠지만 이 어린 말은 할아버지를 따라 신나게 뛰기 시작했다.

영화 〈파 앤드 어웨이(Far and Away)〉에서 톰 크루즈가 땅을 차지하기 위해 달리던 모습처럼 나는 푸르른 캔자스 초원을 소리치며 전속력으로 달렸다. 가속도가 붙으니 가슴이 훤히 열렸다. 나는 더 이상 조그만 한국인이 아니었다.

할아버지는 흩어져 있는 소떼의 수를 세면서 상태를 확인했다. 나는 소와 상관없이 말을 먹이고 나무를 정리하는 일을 했지만 더 오래 지체할 수는 없었다.

다음 날, 노부부는 잘 가라며 애플주스와 샌드위치를 챙겨주었다. 나는 따뜻하고 열린 마음의 부부와 아쉬운 포옹을 나누고는 오클라호마로 떠났다.

나바호족과 함께 춤을

오클라호마에서 콜로라도를 향해 달렸다. 드넓은 평야에서 콜로라도 로키마운틴의 커다란 장벽이 보이기 시작했다. 나는 차를 캠핑장 근처에 세우고 침낭을 들고 캠핑장 한가운데로 갔다. 새벽, 뭔가 몸이 흔들리는 느낌에 잠에서 깼다. '누구지? 지금 여기에서 나를 깨우는 것은?'

무언가가 나를 계속 치고 있었다. 갑작스러운 공포가 밀려왔다. 이 상황에서는 후다닥 침낭에서 빠져 나와 차 안으로 피신해야 한다는 계획을 세웠다. 동시에 괴성을 질러서 그 무언가를 놀라게 한 뒤 힘껏 달렸다. 강아지가 놀라는 듯한 '깽' 하는 소리가 났다. 튀어나온 나무에 다리가 걸려 아래로 굴렀다. 차 안에서 보니 바지는 피로 젖어 있었다. 랜턴으로 밖을 비추자 코요테 몇 마리가 보였다. 작은 화를 피하려다 큰 화를 당한 셈이었다.

태양은 작열하고 세상은 황토색 사막과 선인장으로 가득 찼다. 나는 애리조나로 들어섰다. 땡볕 아래 트럭 한 대와 히치하이킹을 하는 동양적 외모의 중년 여자가 보였다. 고장 난 차를 수리해야 하니 자기를 부품가게에 데려다달라고 했다. 하지만 차 수리가 어렵게 되자 그녀는 내게 자기 할아버지 집에서 큰 파티가 있으니 같이 가자면서 진짜 미국을 알 수 있는 기회가 될 거라고 장담했다. 나는 망설이다 어차피 잘 곳도 없고 해서 제안을 수락했다.

하지만 어둠이 내리자 나는 그 수락을 수십 번 후회했다. 내 오래된 차의 얇은 바퀴는 모랫바닥 속으로 빠져들었는데, 어두운 사막 위를 잘 모르는 사람과 잘 모르는 어딘가를 향해 가고 있다니….

기름도 줄어들고 어둠의 공포가 계속되니 갑자기 도망치고 싶었다. 여기까지 온 내 잘못이다. 그래도 '선택을 했으면 후회하지 말자'는 강원도 터널의 경험이 생각났다.

'그래, 한번 믿고 가보자. 여기서 죽게 되더라도 그건 내 운명이지. 적어도 별빛은 아름답잖아.'

도착한 곳에는 자동차와 양, 개들이 있었고 영화에서나 보던 인디안 천막에서는 연기가 나고 있었다. 사막의 밤은 영하의 추위처럼 매서웠는데 전기도 수도도 없는 곳에 사람들이 모여 있었다. 영화 〈늑대와 함께 춤을〉에서 봤던 인디안 티피(tipee, 북미 원주민의 원뿔형 천막)와 주술사들 그리고 컨테이너에 모여 있는 현대 인디안 부족이었다.

얼마 뒤 무뚝뚝한 표정의 노인이 커다란 칼을 갈기 시작했다. 인사는 했지만 나를 바라보는 표정이 무서웠고, 할머니의 미소를 제외하고는 아무도 나를 향해 말을 건네지 않았다.

　침묵 속에 칼 가는 소리만 들렸다. 눈에 살기를 띤 노인이 칼을 번쩍 들더니 내 쪽으로 다가왔다. 나는 온몸에 힘을 주고 그 노인을 주시했다.

　'아, 이제 죽었구나!' 난 눈을 감았다. 심장박동이 주위 사람들에게 전달되는 것 같았다. 노인은 휙 방향을 틀어 바깥으로 칼을 들고 나갔다. 한참 뒤 손에 고깃덩어리와 핏덩어리를 들고 천막으로 들어왔다. 냉장고가 없는 그들은 고기가 필요하면 바로 양을 잡아 고기를 먹었다. 할머니는 내게 양고기와 선인장 그리고 약간의 소금 간을 한 고깃국을 주었다. 우리의 쇠고기국과 똑같은 맛이었다. 국물까지 싹싹 먹는 나를 보더니 그들은 나 역시 나바호족이라며 서로 웃었다. 신기하게도 제2차 세계대전 때 암호로 쓰던 윈드토커(Windtalker)의 나바호 언어는 한국어와 비슷했다.

　식사가 끝나자 노인과 친지들은 티피에 모여 가운데 화톳불을 지피고 돌아가면서 담배를 피우고 음료를 돌려 마셨다.

　담배연기와 음료에 정신이 몽롱해지는데, 노인은 몸에서 하얀색 곰 돌조각을 꺼냈다. 모래바닥에다 색색의 모래를 위아래로 뿌려서 신비로운 문양을 만들더니 그 위에 곰을 올려놓았다. 그러고는 웅얼웅얼 주문을 외우고 독수리 모양의 깃털을 여기저기 흔들었다. 마치 신령한 기운을 모으는 것처럼, 불빛과 곰 모양의 돌조각 사이를 왔다 갔다 하다가 한 명씩 다가가서 몸에다 독수리 모양의 깃털을 펄럭거렸다. 머리와 배, 어깨 그리고 허리가 아프다던 중년 여인이 허리를 보이는 것을 보니 아픈 곳을 치료하는 주술행위 같았다.

어느새 스르르 잠이 들었다. 잠에서 깨어나 보니 아침이었다. 나는 꺼진 장작불의 온기를 찾으며 사막의 아침을 맞이하러 나갔다. 주술사는 과거에 나바호족의 추장이었는데 그 덕분에 모두 아픈 곳이 나았다고 했다. 그들의 강한 믿음이 고통과 통증을 완화시키는 것 같았다.

아무튼 비범하고 신비한 경험을 했으니 나는 나바호족의 삶과 그 중년 여성에 대해 더 알고 싶었다. 중년 여성은 어머니를 모시며 어린 아들과 살고 있었다. 나바호 인디언 보호구역은 총기, 강간, 마약이 매우 성행해 자신도 수차례 강간을 당했고 아버지를 모르는 지금의 아이가 생겼다고 했다.

말보로 담배 광고에 나오는 듯한 애리조나의 괴암들 사이로 전기도, 상하수도도, 신선한 채소와 물이 없는, 빗물과 각종 쓰레기들이 집합된 그녀의 컨테이너 집으로 갈 수 있었다. 그들의 가구는 버려진 냉장고였고 일곱 살쯤으로 보이는 남자아이에게 어울리지 않는 바비 인형이 유일한 장난감이었다. 신기하게도 이 아이는 개의 언어를 구사하는데 마치 개와 대화를 하는 것 같았다.

미국이라는 선진국에 북미대륙의 원주민들을 집단 사육하듯 한곳으로 몰아넣고 문명에서 멀어지게 한 '나바호 보호구역(Navajo Indian Reservation)'이라는 인권사각지대가 있다는 사실에 놀랐다.

모든 나바호 원주민들에게는 연금이 주어지기 때문에 학생들은 공부하지 않아도 되었고 그러다 보니 글을 읽지 못해 법과 사회시스템, 즉 운전면허와 각종 자격을 취득하지 않아 결국 범법자가 되어 연금이 정지되고 결국 생계를 위해 쉽게 범죄에 노출되는 악순환이다. 또한 독립을 요구하며 강하게 저항하는 이들은 모두 자살이나 사고 등으로 사라졌다고 했다.

이 전사의 후예들은 뿔테 안경을 쓰고 금발머리의 신을 경배하며 살거나 결국 술과 마약에 찌들어 눈에 초점을 잃고 무법천지의 마을을 헤매고 있었다. 이들을 보면서 약한 민족이 어떻게 강자에게 지배당하며 역사 속으로 사라지는지를 알게 됐다.

로스앤젤레스에서 생긴 일

애리조나에서 유타를 지나 불타는 황금의 도시 라스베이거스를 지나니 에어컨이 터져버렸다. 7월 한여름에 데스밸리(Death Valley)를 지나 로스앤젤레스 해변으로 달리다가 피곤한 나머지 길가에서 잠이 들었다. 다음 날 아침에 난 이렇게 말하는 한 흑인을 만났다.

"당시 한국인들에 대한 분노 때문에 너 같아도 그렇게 행동했을걸."

그는 1992년 로스앤젤레스 폭동에 직접 참가했다면서 당시 한국 교포들에 대한 방화와 약탈의 상황을 들려줬다. 당시 미국 언론은 로드니 킹(Rodney Glen King) 사건의 불안감을 흑인과 히스패닉에 대한 인종적 갈등이 잦던 한인들에게 돌리려고 했고 결국 대규모 폭동이 발생했다. 어렵게 가꾼 매장에 폭도들이 몰려와 가게를 부수고 물건을 약탈할 때, 한인들은 총을 들고 맞서고 그 장면이 생중계되었다. 현재는 한국인들이 지역사회에 대한 노력으로 개선되고 있다고 했다. 이후 미국 사회에서도 인종 갈등에 대한 문제들에 대한 다양한 접근이 계속되며 언젠가는 흑인도 지도층이 될 수 있다는 변화가 생기고 있었다.

그는 미국의 아프리칸 아메리칸의 역사를 알려면 하워드 진의 〈미국대중사〉를 읽으라면서 철저한 자본주의 계급사회에서 자신들은 평생 시스템의 노예로 희생되었다고 토로했다.

세련된 모델들이 가득한 비버리힐즈, 할리우드의 화려한 영화 속의 세상에만 익숙해진 꿈의 도시에서 영화배우들의 삶을 구경해보고, 세계 최고의 문화도시의 열정에 취했다.

교통체증과 더위 그리고 범죄율이 높은 로스앤젤레스 밤거리에서 혹시나 길까지 잃으면 정말 위험할 것 같아 바로 샌프란시스코로 향했다.

신비로운 대자연의 웅장한 침엽수들이 거인의 세계를 이룬 레드우드 국립공원, 샌프란시스코 금문교, 썬키스트 오렌지와 카우보이들의 마을인 캘리포니아는 영화에서 보던 그대로였다. 나는 호수에서 몸을 씻고 할인점에서 빵과 콜라를 사고 시애틀로 향했다.

빌 게이츠의 집과 마이크로소프트 본사를 방문하고 옐로스톤을 지나 몬태나로 향했다. 중간에 기름이 떨어져 들른 인구 45명의 작은 마을에서 만난 주민이 내게 '서한국(West Korea)' 출신이냐고 물었다. 그러고는 '홍콩'이 수도인지 '상하이'가 수도인지를 물었다. 대부분의 미국인들은 비자도 없고 평생 자기가 사는 주를 벗어나지 못하는 사람들이 많다. 50개 주조차도 잘 모르는 형편이니 한국이 어디 있는지조차 모르는 사람들이 태반이었다.

대신 미국 풋볼 팀이나 정당구조, 스타트랙 주인공을 모른다며 이해할 수 없다는 표정을 지었다. 자신의 관심 분야 외에는 관심이 없고 미국에서 올림픽을 하는 것도 모르던 미국인들의 자기중심적인 사고를 조금 이해하게 되었다. 어쩌면 자기 관심사 외에는 무관심한 미국인들이 살기는 더 편하겠다는 생각도 들었다.

조그만 도시 주유소의 60대 주인은 자기가 한국전 참전용사라면서 배추밭 앞에서 찍은 현역시절의 사진을 보여주었다. 1950년대 전쟁 고아 한국여자에게서 태어난 아이의 아버지가 부대원이라며 농담을 하자, 전쟁으로 상처받은 한국인이 겪은 상처에 가슴이 아팠다.

참혹했던 전쟁을 딛고 베트남과 독일에서 피땀을 팔아 나 같은 사람도 미국에 와서 공부할 정도로 빠르게 성장한 한국이 지나온 시간을 생각하니 부모님 세대에게 감사했다.

노병의 한국전 무용담을 감동하며 듣고 있는데, 자꾸 샤워를 하고 자고 갈 것을 반복적으로 묻는다. 나는 "혹시 당신 게이가 아닙니까?" 하고 물었다. 그는 한국전 이후에 양성애자가 되었다면서 내게 언제 샤워할 거냐고 물었다. 나는 이제 가야 한다며 차에 급히 시동을 걸었다. 멀리서 기름통을 들고 오는 청년을 뒤로 하고.

48개 주 횡단이 내게 준 것들

각 주의 경계를 거치며 방문하는 주를 늘려가던 나는 시카고에 이어 디트로이트까지 가게 되었다. 포드를 포함한 자동차 중심도시에는 온통 아스팔트가 깨져 있고 분위기는 어두웠다. 나는 길에서 노는 흑인들을 촬영하던 중에 총을 들고 뛰어오는 흑인들을 뒤로하고 초고속으로 디트로이트 슬럼가를 빠져나왔다.

인디안 마을에 가고, 산에서 자고, 해변에서 잠들고, 졸음운전도 하고, 경찰의 검문검색을 수없이 당하고, 자동차가 고장 나는 등의 여정을 거쳐 결국 나이아가라에 도착했다.

자연의 극적이고 경이로운 모습, 시선을 빼앗는 엄청난 폭포와 급물살을 보면서 나는 아무 말도 하지 못했다. 마음속으로는 탄성을 지르고 있었지만, 너무 오래 혼자 다닌 나는 누구와도 감상을 공유하지 못해 답답했다.

인도인, 중국인 그리고 관광객들이 친구, 가족, 연인끼리 사진을 찍고 함성을 지르며 웃고 있었다. 나는 거대한 대자연을 배경으로 인증샷을 찍고 바로 차로 가 내 거주지인 아칸소 주로 달렸다. 비틀어진 의자로 장시간 운전하니 허리도 아프고 쉬고 싶은 마음이 간절했다. 43개 주를 돌았으나 나이아가라 폭포를 끝으로 횡단여행을 마치기로 했다. 집에 돌아온 나는 며칠 동안 잠만 잤다. 아픈 무릎과 허리를 감싸며 귀에서 들리는 자동차 엔진 소리에 시달렸다.

남부 텍사스 출신인 백인 룸메이트는 자기 차로 나머지 5개 주를 여행하자고 했다. 우리는 워싱턴 DC와 뉴저지로 향했다. 워싱턴 DC는 과거 로마제국의 영광이 서린 로마처럼 웅장했으며, 미국의 정치력과 정신을 보여주기에 충분했다.

백악관은 생각보다 작았다. 훗날 알게 된 재미교포 김자연 박사(Susan Kim)가 기획한 '한국전쟁기념비'에서 '자유는 공짜가 아니다(Freedom is not Free)'라는 문구를 보았다. 미국이 초강국으로 세계의 리더십을 갖추기까지 수많은 미국인들이 자유를 위해 스스로 희생했음을 느낄 수 있었다. 추가로 5개 주를 방문하고 귀국 직전에 뉴욕의 월드트레이드센터를 구경했다. 하버드가 있는 매사추세츠, 로드아일랜드 등 메인 주를 거치면서 미국 본토 48개 주까지 여행하게 되었다.

뉴욕을 방문한 지 한 달 뒤, 9·11 테러로 미국 사회는 대혼란에 빠졌고 외국인의 불법 취업이 엄격히 금지됐다. 외국인 대상의 등록금은 몇 배가 올랐으며 외국인에 대한 시선이 따가워졌고 혼자서 여행하며 길에서 잠들 때 자상하게 안내해주던 미국 경찰들이 사라지게 되었다. 현지 생활비와 등록금을 직접 벌면서 버티던 나는 결국 학점이 인정되는 인도 푸네(Pune)로 떠나게 되었다.

내 생애 첫 외국, 미국에서 대륙 횡단 모험을 통해 미국의 맨얼굴을 체험했다. 조그만 시골 마을이 미국이라고 생각했던 나는 48개 주 방문과 다양한 사람들과의 만남을 통해 미국의 개척 정신과 그리고 미국인과 미국의 미래를 엿볼 수 있었다. 어떤 미국인을 만나도 순식간에 친구가 될 수 있는 경험, 그것은 바로 그 미국인이 먹고, 놀고, 공부하고 자란 그 지역에 대한 이해가 있어서 가능한 일이었다. 미국 본토 48개 주 횡단은 나에게 미국에 대한 총체적이고, 균형 잡힌 시각을 심어주었다. 관련 책을 읽다가도 그 지역에 대한 내용이 나오면 생생하게 그 상황과 현장이 입체적으로 기억나는 배경지식을 갖게 되었다. 미국의 각 지역에서 들리는 다양한 사투리와 표현 그리고 세계 최고의 광활한 초원, 사막, 국립공원, 도시, 다리 등의 인프라, 카네기가 선물한 국립도서관 등은 미국이 세계에서 가장 풍요로운 자연환경을 가진 나라라고 생각하게 만들었다. 단 하루도 모텔에서 투숙하지 않고 오직 현지인의 집, 길, 차, 산과 들에서 자면서 도전한 나의 여행을 통해 미국식 영어 발음 그리고 개척정신과 도전의식을 얻었다.

이곳에서 나는 삶의 자신감을 되찾았다. 인생 낙오자라고 절망했던 내게 나만의 롱 스토리 여행담을 안겨주며 미래로 나아갈 희망을 갖게 했다.

이제 첫 번째 전환학습이 시작된 것이다.

인도, 여행만 하기엔 아까운

나라

"노 쁘라블럼 써(No problem, sir), 온리 뚜 미니뚜(only two minutes)."
인도 마하라슈트라 주 뭄바이에서 멀지 않은 인도의 옥스퍼드 푸네에 도착해 숙소를 찾아가는데 30분 넘게 헤매는 택시 기사에게 '수첩에 적힌 주소를 정확히 아느냐'고 물었을 때, 그는 이렇게 대답했다.

겨우 물어 물어서 도착하니, 목적지를 모르면서도 문제없다고 허세를 부린 택시 기사가 얄미웠다. '빨리빨리' 문화에 젖은 가슴은 타들어가고 머리는 스트레스로 폭발할 것 같았다. 그래도 매운 카레와 노란색 강황에 익숙해지면서 시간의 개념을 초월한 1년을 보내다 보니 인도인들의 낙천적인 사고와 상대적인 시간 개념이 이해가 됐다.

거리에는 개 그리고 먹이를 먹으며 빠르게 이동하는 코가 짧은 돼지가 넘쳐났다. 우리 속의 살찐 돼지와는 달리 앙상한 몸으로 뛰어다니는 돼지들은 무척 색다른 느낌이었다. 땀 냄새와 커리 향, 매캐한 연기, 다양한 색조와 함성, 뜨거운 태양, 동물들과 힌두 신들의 장식물, 차가운 밤공기, 매일 수만 명을 만나는 듯한 사람의 숲은 몸을 쉬 지치게 했지만 어느새 나 역시 "노 프라블럼"을 외치며 마음을 내려놓게 되었다.

힌두교도인 대부분의 인도인들은 소를 신성시해서 소고기를 먹지 않고 채식주의자들이 많다. 일부 무슬림 인도인들은 돼지를 불결하게 여겨 먹지 않으니 돼지들은 한껏 자유를 만끽하며 살 수 있었다.

2002년 한일월드컵으로 한반도가 붉은 물결로 들썩이는 동안, 나는 인도에서 조용히 컴퓨터 프로그래밍을 공부하고 있었다. 학점이 인정되는 컴퓨터 과정을 마치고 실리콘밸리로 취업하는 프로그래머를 상상하이보았다. 차츰 이웃들과도 친해졌고 서너 개의 언어를 아는 아이들과 대화를 하게 됐다. 보통의 인도 아이들은 19단을 외우는데 간혹 99단까지도 외우는 아이가 있어서 숫자 내기 같은 건 일찍 포기했다.

영어도 어릴 적부터 자연스럽게 접했기 때문에 가장 쉬운 영어가 토플과정이었다. 열 살쯤으로 보이는 브라만 출신 아이들은 머리를 삭발하고 고대 산스크리트어 경전을 외운다. 영어, 수학, 컴퓨터에 뛰어난 어린 천재들이 자라면, 인도를 강대국으로 끌어 올릴 거라는 믿음이 생겼다.

그간 내가 가졌던 지저분한 나라, 복종하는 식민지라는 편견은 완전히 사라졌다. 자와할랄 네루가 쓴 〈세계사 편력〉의 눈으로 본 인도는 민족주의적이며 반사회적이었지만 상류층의 사고는 영국인 그 자체였다. 그들은 소수 지배자로, 카스트제도 아래 수많은 인도인들은 노예로 살고 있었다.

교육열이 높은 인도지만 학용품은 매우 열악했고, 독일에서 수입한 고급 제품은 가격이 비쌌다. 나는 인도에 학용품을 수입할 아이디어를 생각했고, 후배와 함께 한국의 모나미에 샘플을 요청해 뭄바이 도매상에게 샘플을 보여주며 판매채널을 개척했다.

인도에서 한국 브랜드의 이미지는 상당히 좋았다. 중국과의 미묘한 경쟁관계로 중국 브랜드에 대한 반감이 있었고, 한국의 성장과 브랜드 이미지, 합리적인 가격은 그 자체로 잠재 성장력이 높았다.

인도에서는 미국식 사고나 행동, 악센트는 통하지 않았다. 우기 때는 강변에 사는 수많은 불가촉천민들(하리잔)과 부랑인들이 불어난 물과 함께 사라졌다. 몇 달간 비가 내리니 도로는 온통 물바다가 되었고 수도위생도 엉망이 되어 배탈이 나거나 체중이 줄었다. 하지만 몇 달이 지나니 인도인처럼 손으로 밥을 먹는 게 익숙할 정도로 현지화되었다. 화장지가 없는 인도 시골마을에서도 해결할 수 있는 인도식 왼손 사용법을 체득하게 되었다.

되도록 한국 음식을 피하고 매일 인도 음식을 먹다 보니, 6개월이 지나자 내 몸에서 인도인 특유의 강한 풀냄새가 났다. 민족 특유의 냄새는 그들의 음식에서 나오는 것이고 인종과는 상관없는 편견일 뿐이었다.

인도 억양이 강한 영어를 알아가면서, 나는 인도인에게 영어를 다시 배우기 시작했다. 미국식으로 발음하니 현지인들은 알아듣지 못했고, 나름대로 논리적이며 전문영어를 일상회화로 하다 보니, 미국 영어에 익숙했던 나는 작문과 해석에 대한 접근을 다시 해야 했다. 한국어와 어순과 문법이 비슷한 짧은 힌디어는 쉽게 이해되었지만 읽고 쓰는 건 불가능했다.

인도인들은 10대 후반에 대학에 입학하고, 군대에 가지 않으니 20대 초반이면 직장생활을 시작해 30대면 프로그래머로서 상당한 수준에 올라선다. 반면 한국에서는 30대면 짧은 직장생활을 경험한 사회초년생일 뿐이다.

인도 회사에서 인턴으로 일하며 8시간 동안 코딩 작업을 하고 있는데 갑자기 정전이 됐다. 긴 노력이 한순간에 허사가 되자 나는 극심한 스트레스를 받았다.

'언제 다시 코딩을 하지? 지겨워서 못 하겠다' 싶었는데, 인도 동료들은 "노 쁘라블럼"을 외치고는 나가서 차를 마시고 농담을 하다가 다시 전기가 들어오니까 그동안 작업한 코딩 내용을 그대로 외워서 다시 작성했다.

'그래, 포기하자. 내가 컴퓨터로 먹고사는 건 도저히 무리다. 이런 노력형 천재들을 이길 순 없지.'

나는 소질이 없는 컴퓨터 공부를 접고 무역업이나 한국 회사 취업을 생각했다.

얼마 후 한국의 코트라에서 섬유무역박람회의 통역을 요청해 왔다. 용돈을 벌 좋은 기회라서 뭄바이에 도착해 한국 섬유기업체의 통역을 진행했다. 인도식 영어로, 인도인 방식으로 사업 협상을 하다 보니, 전문 상사맨들도 내 영어와 협상 진행에 관심을 보이며 특별한 보너스를 지급했다. 어쩌면 난 무역업에 소질이 있는 것 같았다.

직접적인 가격이나 숫자를 제시하는 게 아니라, 인도인처럼 "노 쁘라블럼(No problem), 데피니틀리 온 더 니고시에션(Definitely on the negotiation)"을 남발하며 항상 말미에 '써(Sir)'를 붙였다. 협상 초기에는 인도 문화의 우수성과 인도인들의 천재성을 칭찬하며, 한국인은 사업 파트너와의 관계가 좋으면 모든 가능성이 열려 있다며 빠른 관계 개선을 요구했다. 인도인과의 협상은 매우 길고 어려운 과정이라서 계산이 빠른 뭄바이 상인들과 초기 관계 개선 없는 협상은 의미가 없다는 것을 알고 있었다.

다행히 협상은 성공적으로 진행되었고, 초기 계약이 성사되어 나는 델리로 연결된 통역과 상담 지원을 하게 되었다. 델리에서 추가 상담을 마친 나는 뿌듯한 마음으로 히말라야로 향했다.

여기서 밀리면 맞아죽는다

히말라야는 시작부터 만만치 않았다. 뉴델리의 여행사를 찾아가 버스편을 예약하고 디럭스 버스를 탔는데 옆에 앉은 일본인은 내 요금의 반만 내고 탑승한 것이다. 곧장 환불을 요구하러 여행사에 갔더니 얌전하던 직원이 갑자기 험상궂게 변하면서 내 팔목을 잡았다.

혼자 여행을 다닐 때는 순간의 판단이 무척 중요하다. 여기서 수긍하면 나는 앞으로의 모든 여행에서 피동적이고 공포에 떠는 여행객이 될 것 같았다. 일부러 큰 소리를 내며 환불을 요구했다. 그러자 직원은 주먹을 올리며 나를 밀쳤고 나는 표를 확 찢어버렸다.

그는 손으로 찰싹 내 얼굴을 때렸고, 격분한 나는 그를 세게 밀쳤는데 유리창이 깨지면서 사람들이 몰려들었다. 나이 든 인도 사람을 젊고 작은 외국인이 때렸으니 인도 사람들이 나를 때릴 것처럼 몰려들었다.

'여기서 밀리면 맞아죽을지도 모른다.'

나는 곧장 태권도 자세를 취하고 가장 셀 것 같은 사람을 노려보며 소리를 질렀다. 그리고 내가 먼저 맞은 것이고, 당신들 역시 이 싸움에 가담하면 경찰과 대사관에서 철저히 책임을 지게 될 것이라고 말했다. 그리고 그동안 알고 있던 힌디어 욕을 했다.

오랜 카스트제도 때문에 강자에게 약하고 약자에게 강한 인도인들에게 나의 말과 행동은 나의 계층을 나타내는 것이다. 그리고 그들의 판단에 따라 내 신분이 결정된다.

인도에서 여러 번의 비슷한 경험 때문에 나의 행동, 말, 눈빛을 통해 빠르게 신분을 결정해야 한다. 뭄바이 타지마할 호텔 입구에서 나는 도어맨에게 제지를 당했다. 그곳에서 투숙하지 않기 때문에 호텔 출입이 불가한 게 당연하다고 생각했다.

하지만 동행한 반바지를 입은 독일인과 같이 갈 때는 아무렇지 않게 들어가는 것을 보며 내 안에 있는 노예근성이 스스로 나를 움츠러들게 한 것을 알았다. 내가 일부러 당당하게 들어가며 영국식 악센트로 고개를 까딱이자 위압적인 도어맨이 공손히 문을 열어주었다.

이름과 집안 심지어는 피부색에 따라 대우가 달라지는 나라가 인도다. 고분고분해진 인도 직원들에게 거스름돈을 돌려받은 나는 유리창 수선비라며 그 잔돈을 주고 차에 올랐다. 차를 공격할까봐 뒤통수에서는 땀이 흘렀다. 휴, 빨리 출발해라.

지갑을 도난당해도 당황하지 말 것

50시간이 넘도록 차를 타고 또 갈아타면서 북쪽으로 달렸다. 티베트나 네팔인처럼 생긴 사람들이 자주 보였고 높은 산들이 조금씩 보이기 시작했다. 담배연기로 가득한 차에는 검은 피부에 무척 늙어 보이는 어린아이들이 가득했고 모두 담배를 물고 있었다.

닭들과 조그만 동물들을 데리고 쉴 새 없이 타고 내리는 사람들과 함께 리시케시에 도착했다. 리시케시는 인도 힌두교의 성지로 힌두 사원, 아쉬람(요가센터) 그리고 수행자들이 가득했다. 원숭이를 신으로 모시는 사원에서는 음식을 건드리는 일본인들을 원숭이들이 집단 공격할 정도로 사람을 두려워하지 않았다. 쥐를 모시는 사원에는 쥐들이 가득했고 뱀, 원숭이, 소, 코끼리 등 다양한 동물들이 신의 모양을 하고 사람들의 숭배 대상이 되어 있

1장
죽으러 간 여행에서 살길을 찾다

었다.

신기한 것은 예수, 부처, 심지어 공자까지도 힌두 신들 중의 하나이며 비슈누, 시바를 포함해 힌두의 신은 수만이 넘는다고 한다. 타 종교에 대한 관용과 다양성 존중이 수많은 민족과 언어, 종교로 얽힌 인도 사회를 이끄는 중심축이 된다는 생각을 자연스레 하게 되었다.

나는 리시케시에서 강고트리로 이동했다. 갠지스 강의 원류인 신성한 곳에서 많은 인도인들이 회색빛 강물을 마시며 종교의식을 드리는 것을 보았다.

강고트리 빙하로 향할 때 엄청나게 쏟아지는 폭우에 길이 단절되어 더 이상 올라갈 수 없었다. 계곡 물이 무서운 속도로 불어나고 있었다. 여름 우기를 모르고 무작정 떠난 것이 큰 실수였다. 폭우로 인해 계속된 산사태로 고립되고 말았다.

'힌두의 신은 내가 히말라야에 가는 걸 허락하지 않는 걸까?'

방수커버 없는 배낭은 진흙처럼 무거워졌고 허리가 끊어질 것 같았다. 나는 비에 젖은 옷, 짐, 신발을 모조리 버리고 빈털터리가 되어 며칠을 계속 하산해야만 했다.

피곤에 지쳐서 걷다 보니 어디서 사라졌는지 지갑이 보이질 않았고 추위에 감기까지 걸려 정신이 혼미해졌다. 결국 신의 뜻에 나를 맡기게 되었다.

'강원도, 미국에서 경험했던 상황들이 아닌가?'

'어차피 죽으려 했던 목숨, 될 대로 되라. 대신 이 쏟아붓는 비는 피하자.'

나는 보이는 대로, 그리고 갈 수 있는 대로 걷기로 했다. 머리에는 비닐봉지를 쓰고 배낭을 버렸고 웃통을 벗어 맨살이 되었다. 퉁퉁 불어 튼 발로 히말라야의 도로들을 무작정 걷기 시작했다. 영락없는 현지인이었다. 불쌍한 여행객에게 외국인 관광객들은 밥을 사주고 숙소도 빌려주었다.

우연히 만난 이스라엘 여행자와 동행을 했다. 그와 머문 숙소에는 온갖 종류의 벌레들이 우글거렸다. 전등을 켜니 수십 마리의 바퀴벌레들이 영화 〈미이라〉의 한 장면처럼 노란 벽 위를 기어다니다가 빠르게 사라졌다. 젖은 옷을 며칠 동안 입으니 악취가 나고 몸이 가려웠다. 우기에 길거리 음식을 먹다가 내내 배탈로 고생하면서 수십 일을 걸었다. 돈 한 푼 없는데 무릎 통증이 심해졌고 발은 부르트기 시작했다.

우산 없이 계속 쏟아지는 비를 맞고 걸으니 미칠 것 같았다. 계곡으로 뛰어내려버리면 힌두신의 축복을 받아 다음 생에는 부잣집 아들로 태어날지도 모른다.

'그래 힘내자. 강원도 도보횡단도 했고 미국 대륙횡단도 했던 내가 아닌가? 지금 이 순간을 지나면 내 평생의 히말라야 여행담

이 생길 테니까.'

하르드와르에 도착하자 배낭여행을 온 일본인 관광객과 친해져서 함께 이동했고, 길에서 모르는 인도인의 차를 얻어 타고 델리까지 가게 되었다. 돈이 없을 때는 친구를 사귀어서 도움을 받는 게 최선의 선택이었다.

신분증과 돈이 없는 나는 경찰서에 찾아가 숙소를 요청했으나 '도움을 줄 수 없다'는 대답뿐이었다. 두려움 속에 델리 기차역으로 가서 이틀 동안 기차를 기다렸다. 여권을 푸네 집에 두고 온 나는 지갑을 분실하면서 델리에서 다시 푸네로 돌아갈 기차표도 살 수 없었다.

몇 시간을 기다리다가 까무룩 잠이 들었는데 역 주변의 거지들이 내게 빵을 가져다주었다. 서러운 처지에, 고마움에, 갑자기 눈물이 났다. '눈물 젖은 빵을 먹어보지 않은 사람과 인생을 논하지 말라'고 했던가. 나는 이제 인생을 논할 자격이 생긴 셈이다.

기차에서는 표가 없으면 차장이 짐을 내던지며 쫓아낸다. 나는 신분증이 없으니 승객 명단이 있는 포스터를 뜯어 차장에게 보여줬다. 기차표는 없지만 예약한 이름이 있다고 포스터를 들이댔지만 차장은 망설임 없이 나를 밀어냈다.

다행히 주위의 인도인들이 기차표가 있었는데 없어졌다며 나를 두둔해주었고, 포스터의 이름을 확인한 차장은 알았다는 듯

다음 승객에게 넘어갔다.

40시간의 기차여행이 계속되었다. 중간에 이상한 사람들이 나를 깨우며 돈을 달라고 했고 수많은 아이들이 구걸했다. 겨우 푸네역에 도착한 나는 미터기를 조작하고 일부러 헤매는 택시기사에게 힌디어로 조용히 말했다.

'집으로 가지 말고 경찰서로 가자. 넌 사기꾼이야.'

택시기사는 외국인인 줄 알았다며 머리를 양쪽으로 흔들며 하얀 치아를 드러냈다. 그는 미터기를 제대로 고치고 집으로 곧장 향했다. 까맣게 타고 해쓱해진 나는 인도식으로 옷을 입고 힌디 말을 하는 '푸네 사람'이었다.

인도인으로 살아가기

가난한 이들에겐 외국인의 지갑이 한 가족의 한 달 생계비가 될 수 있다. 한국과 미국의 선진국에서 익숙한 행동이 인도에서는 그들을 자극하는 행동이 될 수 있다. 많은 한국 배낭여행객들이 여행의 낭만을 갖고 인도에 와서 낭패를 당하는 일이 많다고 했다. 인도에서 혼자 여행하는 한국 여자는 결국 히롱 문화에 익숙한 그들에겐 자극이 될 수 있고 허름한 돈 관리와 계산에 서투른 이는 그들의 먹잇감이 될 수 있다. 한국 역시 수많은 외국인들이 그렇게 당한 것이 사실이었다.

인도 히말라야 여행을 통해 여행은 단순히 낭만적인 것이 아니라 현지 문화를 파악하고, 현지인을 자극하는 행동을 삼가며, 항상 조심하고 주의하는 학습과정이라는 것을 알게 되었다.

나는 한국 음식을 거의 먹지 않았고, 매일 세끼를 인도음식으로 먹고, 인도인과 공부하며, 인도 회사에 다니고, 인도에서 살았다. 현지인처럼 옷을 입고, 인도인처럼 머리를 좌우로 흔들며 인도식 영어를 쓰고, 피부는 강한 자외선에 검게 타고, 머리 스타일도 인도식, 옷도 인도식으로 다려 커다란 와이셔츠를 밖으로 꺼내 입고 스쿠터를 몰고 다니니 인도 경찰은 나에게 인도 운전면허증을 요구하며 외국인 흉내 내고 다니지 말 것을 지시하고는 했다. 인도 북부 출신의 네팔인처럼 보이는 나는 천상 인도사람이었다. 더 이상 외국인으로 바가지를 뜯기지 않게 되었다. 하인을 30명 넘게 둔 명문 가문인 인도 친구의 집에 초청을 받아 인도 부자들의 삶을 엿보기도 했다. 그들은 이미 세계의 리더로 교육을 받고 미국과 영국 회사의 임원으로 교육받고 있었다. 인도 전통 문화에 대한 자부심, 그리고 상상을 초월하는 화려함, 뛰어난 천재들의 실력과 집중력, 가족 중심의 문화를 통해 부를 축적하고 있었다.

6개월은 인도를 싫어했지만, 그 이후부터는 인도를 좋아하게 되었다. 인도의 다양한 신, 콧속을 자극하는 향신료, 흥얼거리는 노래와 흔쾌한 음악들, 거리의 경적과 분주함, 뜨거운 햇살과 그를 식히는 천장의 팬과 에어컨, 매캐한 도시의 매연과 충열된 사람들의 눈빛, 손끝에 젖어드는 맵고 짠 인도 카레의 맛. 인도의 삶은 매우 매력적이고 흥쾌했다.

1년을 살다 보니 어느새 나도 "압꺄 힌디 볼따 토라 토라해(힌디어 조금 할 줄 알아요)"를 외치면서 인도를 좋아하게 되었다. 나는 관용과 이해의 항목을 내 삶에 심게 되었고, 도움을 준 인도인들을 생각하며 내가 받은 도움을 잊지 않으려고 노력하고 있다.

상가 사기의 득과 실

인도에서 한국으로 돌아온 나는 구직활동을 시작했지만 어떤 기업도 나를 원하지 않았다. 그나마 러브콜을 보내준 외국계 보험사에서 교육을 받고 보험과 대출상품을 판매하는 금융회사에 취업하게 되었다. 결국 지인들에게 영업하는 일인데 인맥이 없는 나는 외면당하기 시작했고 소득도 없고 사람도 잃게 되어 정신적으로 힘든 날이 계속되었다.

편의점에서 차가운 삼각김밥을 혼자 먹기 일쑤였고 만날 사람도, 자신감도 없었다.

'그래, 남들이 날 무시해도 좋다. 어차피 못 버는 돈 못 벌어도 좋다. 대신 미국 웨이터 일처럼 이 일을 즐겨보자. 성공한 사람들을 만나 그들의 삶을 배우자. 나는 아직 젊잖아. 앤서니 라빈스의 〈내 안의 잠든 거인을 깨워라〉처럼 나를 한번 변화시켜 보자.'

생각을 고쳐먹은 후로 성공한 사람들의 노하우를 알기 위해 사람들을 더 적극적으로 만나기 시작했고, 그들의 이야기를 들으며 경제적 성공 노하우를 배우기 시작했다. 한국 사회에서 성공한 사람들에겐 공통점이 있었다. '부동산 투자와 대출 그리고 재단 설립과 상속'에 대한 관심이 매우 컸다. 게다가 끊임없이 소득을 창출하기 위해 누구보다 노력하는 사람들이었다.

차츰 중소기업 사장들과 친해지면서 기업연금을 성사시키고 사내 기네스를 세우는 등 이름이 알려졌고 국내 대기업 보험사에 스카웃되었다. 자산 100억 이상의 부유층을 관리하는 팀에서 다시 기네스를 갈아치우며 큰 돈을 벌게 되었다. 부동산 투자로 돈을 번 사람들을 보면서 나도 부동산 투자를 했다. 그동안 모은 돈도 있었고 앞으로 벌 돈을 생각해서 오피스텔과 상가 투자를 시작했다. 그런데 상가분양 사기에 걸리고 말았다. 명동 상가에 투자한 나는 분양회사의 갑작스러운 설계 디자인 변경 등으로 결국 빈털터리가 되고 말았다.

억울한 마음에 소송을 진행했지만 판결을 앞둔 담당 판사는 "한국 상가분양시장이 얼마나 위험한데 젊은 사람이 경험도 없이 법만 믿고 뛰어들었냐. 법과 현실은 다르다"며 나를 꾸짖었다. '한국 사회가 어떻기에? 내가 잘못한 건가?' 마음이 불안해지니 회사일도 잘되지 않았고 잠을 자지 못해 두 눈의 실핏줄이 터졌다. 사람을 만나면 분노와 의심이 솟았고 쉽게 화가 치밀었다. 심장도 조이는 것 같았다.

수많은 소송 사례를 보며 나는 나중에 깨달았다. 법과 사람을 쉽게 믿고, 인맥이나 실력도 없는 내가 사기를 당한 건 당연지사였다. 한국 사회를 모르는 내가 사기꾼들에게는 한눈에 알아볼 수 있는 먹잇감이었다.

'결국 내가 강해야만 나와 내 가족을 지킬 수 있는 거야. 그러니 더욱 인맥보다 실력을 키워야 해.'

다시 직장이 없어진 나는 서른이 넘었다. 더 공부를 하려면 수천만 원의 학비가 들 것이고 다시 취업하기는 힘들지도 모른다. 하지만 더 큰 미래를 위해 지금이 아니면 도전할 수 없다.

'그래, 해보자. 지금은 내 모든 걸 잃었지만 분명 나중엔 더 많이 얻을 테니까.'

어설픈 지식과 정보, 네트워크로 섣불리 투자하지 않기 위해,

제대로 한국사회의 시스템을 이해하고 사기를 당하지 않기 위해 실력을 키워야 했다. 그러기 위해서 나는 선택해야 했다.

다니던 회사를 그만두고 안암동의 경영대학원에 입학해 2년간 MBA를 공부하면서 대학원 조교를 맡게 되었다. 그리고 생각보다 많은 정보와 지식, 실력이 여기서 두터워지고 있었다.

30일간
동남아
13개국

돌아보기

마카오에서 잭팟이 터졌을 때

　대학원 여름 인턴을 위해 싱가포르에 갔고 나는 동남아 13개국 방문을 시작했다.

　필리핀에서 비행기를 타고 홍콩에 도착해 게스트하우스에서 만난 유럽인 친구들과 시내를 구경했다. 주말을 맞아 시내 중심부에는 수만 명의 필리핀 가정부들이 모여서 담소를 나누고 있었다. 돗자리를 깔고 도시락을 나누며 홍콩살이에 대한 스트레스를 풀고 있었다. 초고층 거주용 주택에서 사는 홍콩 사람들은 맞벌이를 하고 필리핀 가정부들을 고용한다.

　1997년 영국의 홍콩 반환 이후 큰 차이는 없어 보였다. 영국인 경찰과 관료 대신 중국인 경찰과 중국 국기가 걸려 있고 중국 입국이 상대적으로 편해졌다고 했다.

제트엔진을 타고 홍콩에서 마카오로 건너갔다. 카지노로 유명한 이 작은 섬은 포르투갈의 지배를 받아 인도의 관광지 고아처럼 아기자기한 유럽의 도시를 그대로 옮겨놓은 듯한 느낌을 받았다.

예약을 하지 않았던 나는 게스트하우스를 찾기 위해 한참을 걸었지만 이미 손님으로 가득 찼고, 비싼 마카오의 호텔비용을 감당할 수가 없었다. 극장에서 날을 새우려고 했는데 문을 닫아서 12시가 넘어 다시 무거운 배낭을 메고 방황하다가 사우나에서 잠깐 눈을 붙였다. 거기서 카지노 딜러들을 만나 이들이 경험한 한국인에 대해 듣게 되었다.

잭팟 등으로 카지노에서 돈을 따게 되면, 중국인들은 친구와 가족들을 불러 최고급 식당에서 크게 한 턱을 내고 금이나 보석 같은 귀금속을 산다고 했다. 반면 한국인들은 아무에게도 알리지 않고 조용히 바깥으로 나가 심호흡을 하거나 담배를 피운다고 했다. 그리고 길거리를 방황하다가 다시 들어와서 더 큰 베팅을 하지만 결국 아무것도 건지지 못한다고 했다. 베트남인들은 바로 그 순간 도박장을 뜬다고 했다.

도박을 가장 좋아하는 사람들이 '베트남, 한국, 중국'이라고 했다. 어쩌면 그동안 여유가 없이 성장 중심으로 살아온 한국인들이 도박에서도 승리와 행운의 순간에 또 다른 성장을 위해 기쁨의 순간을 즐기지 못하는 게 아닐까? 오직 성공을 향해 달려온 수많은 한국인들이 기쁨을 느낄 순간도 없이 또 다른 성공을 향해 달려가는 모습이 도박장에서도 나타나는 것 같았다. 더 큰 행복을 위해 순간의 행복을 포기하며 결국 모든 것을 잃어버리는 모습이 안타까웠다.

중국에서 베트남 국경까지의 대장정

육로로 국경을 지나 처음으로 중국 땅에 도착했다. 알고 있던 한자로는 도무지 상황 판단이 안 되고 영어 가이드책의 도움을 받기도 무리였다. 환전과 버스 티켓을 사기 위해서도 엄청난 줄을 서야 했고 영어는 통하지 않았다. 숨이 막히고 가슴이 답답했다. 미국, 인도, 싱가포르에서 살았지만 이처럼 영어권에서 벗어난 곳에서의 일상은 당혹스러웠다.

1시간 넘게 선 줄에서 나는 가장 가까운 도시를 찾았다. 광저우로 가는 버스를 타고 침대칸에서 잠을 자면서 수십 시간을 이동했다. 버스에서 만난 중국인 대학생이 가이드가 되어 식당과 도시를 안내해주었다. 광저우의 식당에는 동물들이 진열되어 있어 선택하는 동물이 곧 음식이 되어 식탁에 올라온다. 철장 안의 너구리와 고양이의 겁에 질린 눈과 마주쳤다.

다음으로 가까운 관광지 양쉬를 목적지로 삼았다. 드라마 〈여명의 눈동자〉에서 보았던 3만 6,000개의 낭만적인 봉우리에 마음이 홀렸다. 저렴한 물가와 아름답고 신기한 자연 경관이 중국 대륙을 품게 만들었다.

다시 베트남 국경을 향해 남쪽으로 이동했다. 중국은 역시 광활하고 집과 공장이 끝없이 계속되는 엄청난 대륙이었다. 구이린(계림) 시를 지나 난닝시 터미널에 도착하자마자 나는 수백 명의 호객꾼에게 둘러싸였고 이리저리 밀리고 끌려 다녔다. 그러다가 갑자기 배낭이 가벼워지는 느낌을 받았다. 누군가 배낭을 커터 칼로 긋고 짐을 빼내고 있었다. 배낭 속에 구겨놓은 옷과 속옷이 바닥에 버려졌다. 귀중품은 허리가방에 차고 있어서 도난당하지 않았지만, 신발과 모자 그리고 기념품들이 사라졌다. 무서워진 나는 호객하는 여인에게 돈을 주며 무조건 그곳으로 가겠다고 손을 잡았다. 그녀는 소리를 지르며 군중 속을 헤치고 나가 한적한 곳으로 데려갔다.

허름한 노래방 기계가 있는 방의 소파에 나를 호객했던 여인과 또 다른 중년 여인이 동석했다. 그리고 따뜻한 국화차를 포함한 여섯 가지의 차를 내주었다. 차를 마시고 음악을 들으며 쉬고 있는데 또 다른 여인들이 방으로 들어왔다. 곧이어 또 다른 여섯 개의 차가 담긴 세트가 들어왔다. 뭔가 느낌이 이상하서 계산서를 요구했다. 그러자 문신투성이의 건장한 남자가 문을 발로 차더니 큰 소리로 무슨 문제가 있냐며 종이를 집어 던졌다.

'큰일 났구나. 내가 걸려들었어.'

종이에는 30만 원 정도의 숫자가 표시되어 있었다. 사람들의 표정이 달라지면서 나를 위협하고 있었다. 남자는 이런 상황이 매우 익숙한 듯이 나를 바라보고 있다. 올가미에 꼼짝없이 갇힌 것이다.

'현명하게 행동해야 해. 일단 안심시켜야지. 내가 도망치더라도 포기하도록!'

나는 태연하게 차를 마시며 노래를 불렀다. 그리고 남자의 팔을 잡으며 영웅본색에서 들은 "따꺼(大哥), 하오하오(好)"를 외치며 너스레를 떨었다. 화장실에서 나는 배낭에서 꺼낸 짐을 몰래 창밖으로 던졌다.

나는 약간의 현금을 의도적으로 테이블에 깔아놓았다. 나중에 그들이 쉽게 나를 포기하게 만들 수 있을 것이다. 그러고는 다른 손님이 들어오는 때를 기다렸다가 자연스럽게 화장실로 나갔고 정문을 빠져나와 던져놓은 짐을 들고 전속력으로 내달렸다.

머리카락이 곤두서고 심장은 터질 것 같았다. 지나가는 택시를 잡고 나는 충칭 기차역으로 가자고 했다. "제발 이곳에서 벗어나게 해주세요." 역시나 택시기사는 못 알아들었는데 내가 "라이라이 칙칙 폭폭~ 화차" 기차소리를 내자 다행히도 기사가 말을 알아듣고 출발했다.

'하~ 이제 살았구나. 정말 큰일 날 뻔했다.'

말이 안 통하는 시간들은 무섭고 힘들었다. 몇 시간을 기다려 베트남 국경의 도시로 향하는 완행 기차를 탔다. 너무 피곤한 나머지 나는 곧바로 잠이 들었고, 눈을 뜨니 허리춤 가방에 매끄럽게 칼자국이 나 있었다. 지갑, 카메라, 현금이 모두 없어진 것이다. 동남아 여행을 하면서 찍은 사진들까지 모조리 사라졌다.

'아, 자자. 어차피 털린 거, 일단 자고 내일 생각하자.'

남은 여권을 속옷 깊숙이 찔러 넣고 마지막 종착역까지 깊은 잠에 들었다. 중국 도착 5일 만에 가장 푹 잤다.

흥정은 서로의 이익을 공유하는 것

베트남으로 향하는 국경도시에서 나는 공안을 찾아갔다. 서툰 중국어와 영어로 도난 상황을 신고하고, 현금과 신용카드가 없는 자초지종을 설명했다. 한 경찰이 능숙한 영어로 도와주었다. 자기가 좋아하는 안정환과 성이 같다며 아침식사를 사겠다고 호의를 베풀었다. 나름 엘리트 경찰의 느낌이 났고 대장금을 비롯한 한류의 힘을 느낄 수 있었다.

중국에서 한국 콘텐츠의 힘은 굉장했고, 처음 보는 사람들도 한국인을 좋아하는 것 같았지만 일본인에게는 그렇지 않아 보였다. TV에선 일본군과 싸우는 공산당 영웅들이 방영되고 있었다. 식사를 하고 경찰서에 돌아오니 한 경찰이 기차 안에서 발견했다며 현금을 뺀 지갑을 돌려주었다. 정지시킨 신용카드 일부를 제외하곤 다행히 직불카드가 있어 ATM에서 현금을 찾을 수 있었고 공안에서 발급받은 서류들을 보여주면서 베트남 국경도시까지 갈 수 있었다.

택시기사와의 흥정 끝에 베트남 국경까지 가기로 했는데 갑자기 산중턱에서 기사가 돌변했다. 길이 험하니 돈을 더 줘야 한다는 것이다. 나는 또다시 사기를 당하는 기분이 들어 화가 났지만 산속에 혼자 남는 것이 두려워서 재흥정을 시도했다. 기사의 터무니없는 가격 인상으로 협상은 실패했다. 남방계 중국인들이 동남아 상권을 제패하는 건 바로 이런 돈에 대한 집요한 집념 때문일 것이다. 끊임없이 돈을 갈구하는 하이에나처럼 지치지 않고 노력하고 있었다. 재물을 숭상하고 매일 돈을 위해 기도하는 이들이 언젠가 세계에서 가장 집요한 부자들이 될지도 모른다.

결국 나는 국경의 산속을 혼자 걸었다.
'아, 왜 자꾸 산속을 걷게 되는 거야? 그냥 달라는 대로 줄걸. 몇 푼 아끼려다 큰 변을 당하게 생겼다.'
흥정은 깨지라고 있는 것이 아니다. 서로의 이익을 공유하는 것이 흥정이다.
'그래 좋은 경험했다. 이 기회에 중국 산속도 한번 걸어가보자. 몇 명이나 걸어서 중국 국경을 지나겠는가? 중국 마적단처럼 걸어보고 중국 공산당 대장정처럼 걸어보자.'
반나절을 걷는데, 한 무리의 여행객을 실은 차량이 지나갔다. 나는 힘껏 손을 흔들어 히치하이킹을 했다. 운전기사는 미소를 보이며 합승시켜주었고 동유럽 여행객과 중국에서 겪은 온갖 무용담을 공유하며 국경까지 닿을 수 있었다. 그들도 역시 찢어진 가방과 공안의 서류들을 보여주었다. 시련의 공감대가 커지자 우리는 급격히 친해졌다.

아버지, 저랑 베트남 가요

국경을 건너고 베트남에 도착하자, 다시 치열한 긴장과 협상이 시작되었다.

여권이 가짜 같다며 한참을 사무실에 감금시켜놓고 서비스료를 요구했다. 입국 심사관은 도시로 가는 버스시간이 끝났다며 국경 숙소에서 머물러야 한다고 했다. 내가 웃돈을 주자 택시 한 대를 불러주었다.

결국 유럽 여행객과 택시비를 분납하기로 하고 하노이로 직행했다. 비릿한 치킨국과 어묵, 씁쓸한 풀잎을 싸먹는 전통음식을 먹었는데 이때부터 배탈이 시작되면서 식은땀이 났다. 고열과 설사에 정신이 오락가락하고 구토가 이어지는데 약을 먹어도 낫지 않았다. 점점 움직일 힘도 없어지고 있었다.

'아프면 안 돼. 어떻게든 나아야 해.'

그러다가 독일인 여행객이 건네준 약을 먹고 감쪽같이 나았다.

외국인은 걸어 다니는 지갑이나 돈 흘리는 어린아이로 보이는 것 같았다. 난 배낭여행객으로서 신중한 협상을 하는데도 결국 바가지를 쓰거나 뭔가 손해를 보곤 했다. 중국에서부터 베트남까지 초긴장 상태로 다니다 보니 빨리 다른 나라로 이동하고 싶었다. 하지만, 몇 년 전 아버지와 함께 왔던 베트남은 나에게 다른 곳으로 기억되고 있었다. 같은 곳이었지만, 어떻게 오고 어떤 곳을 누구와 함께 가느냐에 따라 여행은 전혀 달랐다.

1년 전 보험회사의 CEO 대상 수상과 프로모션 경품으로 아버지를 모시고 베트남에 갔다. 거지처럼 아끼던 배낭여행과는 달리 회사에서 지원해주는 단체 관광여행을 가게 된 것이다.

아버지는 베트남 전쟁 당시 백마부대 참전용사로 다낭과 사이공에서 근무하셨다. 수십 년간 부자간 갈등으로 아버지와 제대로 대화해보지 못했던 우리 부자의 어색한 관계는 베트남을 함께 여행하면서 눈 녹듯 풀리고 있었다.

수도 하노이에 도착해 '따이한(한국군)'과 총부리를 겨누던 베트콩들의 수장인 호치민 묘소를 방문했을 때 아버지는 약간 긴장하신 눈빛이었다. 베트남전 당시 30만 명이 넘는 한국 용사들이 베트남에서 싸웠고 그중 1만 6,000명이 사망했다. 베트남 사람들 역시 목숨을 잃었다. 수많은 보트피플이 전 세계에서 치열하게 사느라 내전으로 찢어진 베트남을 원망하고 있다. 반면 호치민은 베트남의 영웅으로 추앙되었고 방부 처리된 시신은 유리관에 누워 방문객을 맞이하고 있었다.

동료를 잃은 20대의 베트남에 다시 방문한 아버지의 기분이 어떠실지 궁금했다. 아버지는 김신조가 박정희 대통령을 저격하러 넘어온 이후의 군대생활이 너무 힘들어서 오히려 베트남에서는 좋은 음식과 지원금으로 몸은 편했다고 하셨다. 가끔 동료들이 전투기에서 뿌리는 고엽제를 물처럼 몸에 받았다고 했다.

하노이 중심가에 있는 한류의 랜드마크인 대우호텔에 묵었는데 맨 위층에는 김우중 대우그룹 회장이 머물고 있다고 했다. 베트남에서 김우중 회장과 대우의 영향력은 컸다. 한국인에 대한 인식도 적대국의 기억은 아문 것처럼 보였다. 반면 약간의 적대감을 느끼기도 했는데 베트남 신부가 한국에서 부당한 대우를 받는다는 현지 언론의 영향 같았다.

수만 대의 오토바이들이 새벽을 가르며 쌩쌩 달리는 모습과 공사 중인 곳곳을 보면서, 베트남 역시 한국의 80년대처럼 빠른 경제성장을 이루며 10대들이 엄청난 경제 동력이 될 것 같았다.

하롱베이의 절경 사이로 부유층들의 저택과 호텔이 보였고 가난한 어부들은 작은 배를 몰고 나와 과일을 팔고 있었다. 베트남 사람들은 전체적으로 키가 작고 여성들이 매우 활발하게 경제활동을 하고 있지만 빈부 격차가 매우 커 보였다. 개방과 실리노선을 취하는 도이모이(Doi Moi) 이후 고립된 사회주의는 이미 지나간 과거가 된 것 같았다.

베트남의 자본주의는 배낭여행객을 대상으로 끈질긴 협상을 요구하는 여행사 직원들을 탄생시켰다.

태국에 남성 해방을!

태국에 도착하자 후덥지근한 여름의 열기와 습기가 강렬하게

다가왔다. 태국의 쾌쾌한 냄새는 여기저기서 맡을 수 있었지만, 그리 나쁘진 않았다.

방콕은 말 그대로 동남아 최대의 관광지였다. 하지만 사스의 여파로 관광객이 급감해 관광업의 비중이 높은 태국에서는 매우 부정적인 상황이 계속됐다. 태국 총리는 태국에서 사스에 걸릴 경우 3,000만원을 지급한다고 해서 우리 일행은 사스에 걸려도 좋겠다는 농담을 했다.

열대의 습한 냄새와 방콕 사원의 화려함에 지쳐 시엡립 근처의 마사지 숍에서 지압 마사지를 받았는데 피로 해소에 그만이었다. 미소를 머금은 아담한 여인이 무릎을 꿇고 손을 모으고 "사왓디 캅"이란 인사를 시작했다. 태국 마사지는 조그만 체구의 태국여인이 허리를 발로 꺾고 공중곡예를 하며 여기저기를 눌러대며 매우 강한 힘으로 뭉친 근육을 풀고 있었다. 왕을 모시며 발달된 기술이라 상당히 훈련이 되어 있는 마사지였다. 마사지 도중에 봉투를 꺼내 메뚜기와 풍뎅이처럼 생긴 벌레를 먹고 있었다. 메뚜기는 먹을 수 있었지만, 풍뎅이는 차마 먹을 수가 없었다. 한국인을 좋아한다며 환환 미소를 지으며 "안녕하세요, 사랑해요, 감사합니다"라고 말하는 태국인에게 두툼한 팁을 안 주기는 힘들었다.

태국의 왕궁은 온통 금과 보석으로 치장되어 있어 세계 최고의 화려한 탑들이 가득했다. 다양한 음식과 해산물이 가득하고, 코코넛, 망고 등의 열대과일이 넘쳐났다.

제조업은 약하지만 서비스업은 세계 최고 수준이니 서비스업 종사자들이 언어 장벽을 극복한다면 승산이 있어 보였다. 나중에 알게 된 일이지만 서비스업에는 대부분 여성들이 종사하고 남성은 운전기사 정도로 거의 일을 하지 않는다고 한다. 남자들은 도무지 돈을 벌 수 있는 일들이 없다. 타이무예를 통한 킥복싱 선수, 운전사, 그리고 소소한 자동차 정비업 외에는 없는데, 심지어 이마저도 줄어든다고 했다. 대부분의 서비스업들은 친절하고 멀티태스킹에 강한 여성들이 유리해서 호텔 종업원, 식당, 점원, 안내원 등 좋은 일자리는 대부분 여성들이 차지하고 있다고 했다.

전반적인 문화 역시도 강한 서열과 권위 대신 관용과 이해의 불교 문화가 강하다 보니, 부드럽게 말하는 억양과 차분하고 침착한 모습이 여자들의 국가 같은 생각이 들었다.

그러다 보니 레이디보이(Lady Boy)라는 트랜스젠더 남성들이 식당 웨이터, 술집 종업원, 호텔 카운터로 일하고 있어서 생존을 위해 '남성의 여성화'가 진행된 듯한 느낌이었다. 자세히 보니 매우 많은 태국 여자들의 목젖이 두드러져 있었고 변성기 목소리를 내고 있었다.

예전 한국에서 정치를 하기 위해서는 남장이 필요하다며 남자처럼 옷을 입고 말하던 여성을 생각하며 한국은 매우 남성 중심의 사회인 반면, 태국은 여성 중심의 사회라는 생각이 들었다. 수많은 태국 여인들이 외국인의 손을 잡고 거리를 다니는 것을 보며 역시 강하고 부유한 국가만이 자국민의 자존감과 명예를 지킬 수 있다는 생각이 들었다.

긴생머리와 늘씬한 팔등신의 미녀들이 짧은 치마를 입고 야릇한 미소로 다가와 미소지으면 가슴이 떨리며 긴장이 되는데…. 그러나 결국 미녀가 그녀가 아닌 그라는 사실을 거친 목소리와 목젖을 통해 깨닫게 되고, 순간 알 수 없는 태국의 신비로운 세상을 만나게 된다.

31세 인턴 안도현입니다

31살의 늦깎기 대학원생, 나는 싱가포르에 있다. 남들은 취업을 해서 대리급 직원이 되어 있는데 나는 이제 인턴이었다. '투자유치 전문가' 양성을 위해 코트라와 산자부(現 지식경제부)에서 지원하는 대학원 과정에서 해외 코트라 근무가 필수였기 때문에 싱가포르에 가게 되었다. 담당 간부가 사원보다 나이가 많다며 어려워했다. 나에게 20살의 대학생 인턴들을 소개시켜주었다. 코트라 신입직원보다 나이가 많지만 싱가포르를 즐기기로 했다.

영화에서 보는 깨끗한 정원도시, 꽃과 나무들 그리고 환경친화적인 동물원에서 편안해 보이는 야생 동물들과 나비들, 친절하고 깨끗한 택시는 동남아의 편견을 무너뜨렸다.

동남아에서 가장 잘사는 싱가포르는 고온다습했지만 세련된 사람들이 화려한 빌딩숲을 부지런히 거니는 풍경이 좋았다. 서류 가방과 넥타이를 메고 싱가포르 지하철을 타고 도심 속을 지나 금융 빌딩에 오르는 하루가 매우 설레고 신났다. 올림픽이 런던으로 정해지는 IOC에 참가해 유명한 정치인과 운동선수들을 보며 개최지 발표 순간의 긴장과 환호를 경험했다. 말레이 변방의 소국에서 경제강국으로 성장한 싱가포르의 성장비결이 무엇인지 궁금했다. 싱가포르의 인구는 중국, 말레이시아에서 이동한 화교들이 주축이 되어 만든 나라였다. 말레이, 중국인, 인도인들이 모인 다문화 국가이지만, 분명 성장을 위한 국가 주도의강한 리더십이 있었고 끊임없이 단결한 화교들이 있었다.

나는 싱가포르 투자전문가 양성시스템과 화교 네트워크에 대해 조사했다.

싱가포르 정부는 상위 5% 이내의 학생들을 선발해 세계의 명문학교에 전액 장학생으로 유학을 보내고 해외 인턴십 등을 통해 투자유치 전문가로 양성한다. 장학금, 생활비, 연간 도서구입비, 초기 정착비용 등이 지급되며 필수로 외국어를 이수해야 한다.

아울러 정부 요직에서 의무적으로 5~6년 이상을 근무해야만 한다. 공무원 급여가 외국계보다 높은 수준이니 싱가포르의 엘리트들은 자국의 경제 발전을 위한 투자 유치 및 경제 전문가로서 국제적 마인드를 갖춘 관료로 일하고 있었다.

30대 국장, 40대 장차관 등이 능숙한 외국어로 외국 기업의 본사 유치를 위해서 협상하고 있었다. 게다가 싱가포르는 외국인들이 기업하기 좋은 도시로 변모하고 있었다. 미래를 향한 국가와 공무원의 비전과 노력이 부러웠다. 그들을 보며 나 역시 '투자유치 전문가'로서 한국을 성장시킬 꿈을 갖게 되었다. 언젠가 투자유치 전문가가 되어 대한민국을 최고의 국가로 만드는 데 이바지하고 싶다.

깨끗한 싱가포르 역시 지저분하고 음침한 뒷골목이 있었다. 유흥과 향락을 위해 마카오, 홍콩, 인도네시아로 여행을 떠나는 싱가포르인도 많았다. 단 하나의 방송과 신문이 사회의 단면만을 비추었고, 정부 비판이나 총리 가문의 재산 등은 철저하게 통제되고 있었다. 화려한 벤츠 같은 싱가포르는 싼 국수를 먹는 운전기사 같은 국민들이 엘리트를 모시고 있는 느낌이었다. 하지만 삶이 힘들더라도 싱가포르 국민들의 소득 수준은 성장하고 있었고 이곳은 세계적인 도시로의 성장을 준비하고 있었다.

인도네시아의 밤의 요정들

주말마다 틈틈이 말레이시아와 인도네시아 빈탐과 바탐을 둘러봤다. 인도네시아는 물가가 저렴하고 상대적으로 여행 다니기에 부담이 적었다.

싱가포르 공항에서 2박 3일 일정으로 자카르타로 가기 직전 나는 ATM에 카드를 넣었다. 카드를 삽입하라는 메시지가 나오기 전에 카드를 넣던 한국식 습관으로 하다 보니 오류가 생겨 카드가 반환되지 않았다. 2박 3일이 지나면 내 저가 항공권은 사용할 수 없다. 현금이 없었지만 일단 자카르타로 갔다.

자카르타에서 비자를 발급받고 남은 돈은 10달러도 안 됐다. 버스도 탈 수 없고 숙소에서 잘 수도 없다. 식사도 불가능할 텐데 공항에서 이틀을 버티다가 싱가포르로 돌아갈 수도 없었다.

'오늘 어디서 자고 있을까? 내가 어떻게 이 상황을 해결할지 궁금하군.'

나는 10달러로 3일 버티기라는 미션을 내게 부여했다.

'강원도 무전여행도 했고 미국 횡단도 했다. 히말라야도 갔던 내가 아닌가? 나에겐 생존 감각이 있다. 절대로 오늘 죽지는 않을 테니 한번 두고 보자.'

버스에 올라탔는데 버스요금을 요구하지 않았다. 자카르타에 도착해 지나가는 외국인들이 향하는 곳으로 계속 걸어갔다. 몇 군데 호텔에서 나중에 돈을 보내겠다고 했더니 문전박대 당하고 결국 인도네시아 잘란 작사까지 가게 됐다.

신기하게도 2달러짜리 도미토리 숙소가 있었고 비상금으로 5달러를 남긴 채 나는 누군가 잠시 비워둔 침대에서 잘 수 있었다. 늦은 시간이 되자 남녀 구분이 없는 방에서 여자들은 짧은 치마와 화장으로 세련된 숙녀로 변신하고 있었다.

이들은 돈이 없어 나갈 수 없다는 내게 생수도 주고, 남자친구를 만나는 자리에 같이 가자고도 제안했다. 그녀의 남자친구는 나이든 유럽 관광객과 사업가들로 유흥을 찾는 부류의 사람들이었다. 반면, 카페에서 외국인 남자들의 친구가 되어 돈을 버는 여성들은 이곳에 오기 전에 공무원, 영어 교사, 회사원 등으로 일했다고 한다.

나중에 알게 되었지만, 이들의 가장 큰 목표는 외국인 남자와 결혼해 인도네시아를 벗어나는 것이라고 했다. 동남아시아 여성에 대한 편견은 결국 나의 무지에서 비롯된 것이다. 세상 누구나 열심히 살아가는구나 싶었다.

인도네시아에서 외국인은 행복해 보였지만 현지인들은 뭔가 미소를 잃은 것처럼 보였다. 밝은 미소의 태국과 말레이시아에 비하면 인도네시아인의 미소는 뭔가 깊은 신비감이 있어 보였다.

다음 날, 나는 박물관에서 만난 한국인 덕분에 약간의 경비를 빌리게 되었고, 그와 같이 주요 지역을 방문했다. 1970년대 인도네시아의 활약상과 아시아를 대표하던 화려한 자카르타의 과거 사진에 놀라게 되었다. 네덜란드의 오랜 식민통치에 시달리던 인도네시아는 독립을 통해 아시아의 중심으로 성장했으나, 정치 불안으로 오랜 불황을 겪게 되었다. 인구와 자원, 무궁무진한 가능성이 있는 인도네시아에는 다양한 고대의 유인원 유골처럼 숨은 가능성이 많아 보였다. 빌린 돈으로 식사를 하고 비행기를 타고 다시 싱가포르 숙소로 돌아왔다. 어느덧 돈 한 푼 없이 살아가는 능력이 생겼다. 대학원을 마치게 되면 나는 더 이상 오랜 배낭여행을 할 시간이 없을 것이다. 싱가포르에 있는 동안 최대한 다녀보자고 결심했다.

'그래, 본격적으로 동남아 여행을 떠나보자. 지금 아니면 기회가 없으니까.'

우린 일 안 해도 먹고살아

나는 동남아시아 지도를 놓고 싱가포르에서부터 반시계 방향으로 원을 그렸다.

　말레이시아, 인도네시아, 부르나이, 필리핀, 홍콩, 마카오, 중국 광저우, 베트남, 라오스, 캄보디아, 태국, 미얀마, 다시 말레이시아, 싱가포르 이렇게 13개국을 돌고 귀환하는 일정을 세웠다. 기간은 단 30일. 나는 론리플래닛, 동남아시아 신발끈 같은 여행 가이드 책과 말레이시아 사라왁주 코칭으로 가는 항공권을 샀다.

　과거 서구 열강들의 식민지 경계선이 국경이 되었고 지배국에 따라 국가의 운명도 바뀌었다. 영국의 지배를 받았던 말레이시아는 말레이 부족과 중국인, 인도인이 공존하는 이슬람 국가지만 주요 상권은 화교들이 차지하고 있었다. 중국인들은 마화공회(馬華公會)라는 끈끈한 화교 연합체를 결성해 말레이시아 상권을 쥐고 있었다.

　말레이시아 전통 민속촌을 방문해 원주민들의 생활과 독침 쏘는 법을 배운 후 오랫동안 차를 타고 브루나이로 향했다. 막대한 석유자원으로 독립한 브루나이는 검문소에서부터 화려한 공무원의 복장이 말레이시아와 달랐다. 이슬람 사원과 궁전은 온통 황금으로 치장되었고 아시아에서 가장 부유한 브루나이 국민들은 의료, 연금, 교육 등을 무상으로 제공받으면서 편안하게 살고 있었다.

　해변에서 낚시를 하고 있는 브루나이 청년과 친해져서 함께 테

마파크에 가게 되었다. 관람객은 18명인 반면 직원은 100명이 넘었다. 분명 적자일 텐데 테마파크를 선물한 왕과 무료로 놀이공원을 즐기는 모습이 사회주의 국가 같았다.

"우리는 일하지 않아도 먹고살아."

청년은 낚시가 취미인 무직자였다. 경쟁이 적고 교육과 연금 등의 복지가 잘되어 있으니 국민행복지수가 높아질 것이란 생각보다는 미국에서 본 '연금에 길들여져 미래를 잃어버린 나바호족의 미래'처럼 석유가 고갈되는 시점에서의 경제에 대해 불안해하는 정서를 읽을 수 있었다.

반면 브루나이 경제에서도 싱가포르와 화교 자본 그리고 화교들의 영향력을 볼 수 있었는데 생각보다 엄청난 VIP 시장과 막대한 자본이 있어 브루나이에 취업하고 싶다는 생각이 들었다. 대학교수로 온 외국인 강사는 연봉이 1억 원이 넘는다고 했고, 고급 TV를 판매하는 중국인 점원도 고수입을 올리고 있었으며, 필리핀 미용사 역시 팁으로 50달러 이상을 받는다고 했다.

아버지가 경찰인 브루나이 친구의 도움으로 7성급 호텔인 엠파이어호텔에 저렴하게 머물 수 있었는데 온통 황금으로 치장된 건물과 화려한 내부 장식에 눈이 호사를 누렸다. 저렴한 숙소에서 초호화 호텔까지 경험하게 되니 나라와 장소에 따라 다른 수준의 사람이 된 것 같아 신기했다.

다시 보트를 타고 말레이시아로 넘어와 코타키나발루를 거쳐 필리핀행 배를 타게 되었다. 말레이시아의 끝인 산다칸에서 필리핀의 잠봉가까지 배로 꼬박 이틀이 걸렸다. 필리핀 사람들은 밤새도록 페리 안의 노래방에서 노래를 불렀는데, 추억의 팝송이 필리핀 억양으로 흐르니 흥미롭게 들렸다.

오늘의 필리핀에 꼭 필요한 것

필리핀의 인상은 충격이었다. 페리로 다가오는 가냘픈 소형 보트 위에는 젊은 엄마와 젖먹이 아이들이 불쌍한 얼굴로 동전을 달라며 소리쳤다.

필리핀이 과연 1960~1970년대 아시아의 경제 부국이던가? 한국전쟁에 참전하고 원조를 주던 외교 강국이었는지 의심스러웠다.

위태로운 배들 사이로 페리에서 이야기하던 승객이 동전을 던지니 필리핀 아이와 어른들이 물속으로 다이빙하기 시작했다. 마치 돌고래에게 먹이를 던지는 것처럼 잠수해서 동전 몇 개를 손에 든 채 나오는 모습들을 보고 웃고 떠드는 사람들이 있었다. 갑작스러운 잠수를 계속하다가 고막이 터지거나 물속에서 나오지 못하는 사람도 태반이고 페리의 프로펠러에 다치거나 배가 파손

되는 등 사고도 많이 난다고 했다. 몇몇 승객은 그렇게 타인의 고통을 즐기고 있었다.

잠봉가에서는 혼자 시내를 다니기가 두려웠다. 단체 일행에게 부탁해서 동행을 했고 그들이 머물기로 한 친구의 집으로 지프니를 타고 갔다. 집주인은 모기장이 걸린 안방을 내주었고 부인은 돌로 된 화로에서 돼지고기를 굽고 아이는 코카콜라를 사와서 밥에 말아주었다. 숟가락 없이 손으로 맛있게 먹었다.

다음 날부터 오토바이, 버스, 지프니, 삼륜차, 페리보트를 갈아타며 디폴로그, 두마그테, 세부를 구경했고 휴양지인 비사얀 아일랜드에 도착했다. 태풍으로 온데간데없는 건물의 반대편에는 멋진 리조트가 있었다. 이곳에서 한국인 사업가를 만나 그가 이 작은 섬에서 왕처럼 지내는 생활에 대해서 들었다.

10대 후반의 필리핀 여자가 부채질하며 파리를 쫓았고 건장한 경호원과 운전사는 입구에 서 있었으며 이분은 전화로 모든 무역 업무를 진행하고 있었다. 마을 체육대회를 개최해 1등을 경호원으로 선발했으며, 운전 경주대회를 통해 운전기사를, 미인대회를 통해 개인 비서를 채용했다고 했다.

리조트에 투자를 하고 마을의 땅을 매입하는 데 몇 억이 들지 않았다고 했다. 그는 이 알려지지 않은 섬들을 중국 투자자들이 매입하고 있다면서 머지않아 중국 땅이 될 거라며 아쉬워했다.

세부에는 한국 간판과 한국의 PC방 등이 넘쳐났고 한국인과의 혼혈 아이가 많았다. 한국인들이 영어 연수를 하러 필리핀에 많이 온다고 했다. 해외봉사, 선교사, 투자자 같은 긍정적 영향도 있지만 코피노, 도박, 성매매, 사기 등으로 조금씩 인상이 나빠지고 있었다.

필리핀의 빈부 격차는 심한 편이고, 부유층은 미국인 같은 사고를 하고 있었다. 필리핀 역사교과서의 첫 페이지에는 필리핀은 신의 축복을 받은 나라이며 아시아 최초의 기독교 국가로서 스페인 침략을 행운으로 여긴다고 했다. 또한 지도자들의 부정, 부패와 무능으로 국민이 고통 받았고 인재의 해외 유출과 국가의 공공부채로 인한 경제 위기를 맞았다고 했다. 그 해결책은 다시 신의 축복에 의해서 나아질 거라는 내용이 인상적이었다.

부유층은 대부분 자녀를 유학 보내고 저소득층은 범죄와 마약, 매춘 등에 쉽게 노출되어 위험한 환경에서 살고 있다. 낙태가 없어 10대 청소년들의 출산이 또 다른 사회문제를 야기한다. 아름다운 바다와 백색 모래, 환상적인 야자수의 노을과 푸르고 청명한 바다, 맑은 미소와 커다란 눈을 한 필리핀 아이들이 자라면서 보게 될 미래는 어떤 모습일지 궁금했다.

정치와 종교 지도자들의 부정부패가 어떻게 자연의 축복을 받은 국민들을 억압하고 유목민처럼 세계를 떠도는 노동자로 삼아서 이익을 취하는지를 간접적으로 경험하게 되었다. 신과 자연의 축복을 믿고 낙천적으로 살아가는 필리핀 국민들이 위대한 지도자를 얻게 된다면, 낮과 밤이 다른 필리핀도 차츰 행복해질 거라고 믿고 싶었다.

순박한 라오스인들

태국의 글자와 배우, 불교 사원들이 보이기 시작하더니 신기한 산들이 계속되었다. 옆에서 보면 좁고 얇은 연필처럼 생긴 산들이 고개를 돌리자 넓고 포근한 능선을 품은 산으로 보였다.

아름다운 자연과 순박한 사람들, 라오스는 아늑한 산골 마을의 느낌이었다. 험난한 중국과 거친 베트남을 거쳐서인지 낮은 물가의 라오스에서는 흥정 없이 돈을 지불했다. 도무지 바다는 평생에 구경을 못해본 순박한 라오스인들은 새우, 오징어, 조개 같은 해산물을 모르고 있었다. 베트남 쌀국수와 같은 라임을 가득 품은 국수의 매콤한 맛과 신선한 대자연에서 품어져 나오는 온갖 야채들, 습기를 품은 찹쌀과 새콤한 반찬들은 여행에 지친 몸에 가득 영양소를 축적시켜 주었다.

베트남에서 난 배탈을 걱정했지만 다행히도 깨끗하고 청결한 라오스의 음식은 계속 소화가 잘 되었다.

조용한 불교 성지는 화려함의 극치를 달리는 태국 사원과는 달리 초라할 정도로 단순했지만 붉은 승복을 입은 어린 동자승들의 눈빛은 호기심과 경계를 보이며 동남아에서 가장 순수하게 보였다. 인구 6백만의 작은 나라 라오스의 문화는 태국과 베트남을 혼합한 것 같았다.

신선함, 시골 사람, 잔잔한 메콩강, 배낭여행자들이 긴 휴식을 하기에 충분한 라오스의 밤은 화려한 조명도, 나이트 클럽의 음악도 늦은 식당가의 공연도 없이 차분하게 흘러갔다.

태국과 베트남 사이에서 서로 대립하고 태국의 식민 지배를 받다가 다시 프랑스의 지배를 받고 일본의 지배를 받다가, 베트남과 프랑스 사이의 갈등 그리고 미국과 베트남 전쟁에서 전 국토가 폭탄으로 황폐화된 라오스의 슬픈 역사. 이는 중국과 일본, 그리고 소련과 미국의 이념 갈등, 일본의 식민지배와 한국전 등의 많은 부분이 겹치는 것 같았다.

베트남 전쟁에서 미국이 2억 7,000만 개의 폭탄을 투입했고 지금도 산속에 불발탄이 남아 해마다 몇천 명이 사망한다고 했다.

약한 나라의 설움은 결국 국민에게 연결되듯이 많은 라오스인들이 태국과 베트남에 일을 하러 떠난다고 했다. 분단된 한국의 DMZ에 매장된 수없이 많은 대인지뢰처럼 라오스의 불발탄은 성장을 멈추게 하는 족쇄처럼 숨통을 조이고 있었다.

여행중에 동행한 일행은 중국계 미국인 여자 둘과 독일인 남자 한 명이었다. 중국계 미국인 여자 한 명은 변호사이고 또 한 명은 큐레이터라고 했다. 이들은 얼굴에 선크림을 하얗게 바른 한국인 남자 둘을 지목하면서 왜 게이샤처럼 새하얀 선크림을 바르는지 모르겠다며 자신들의 자연스러움을 강조했다. 또 한국의 성형 열풍과 자외선 차단에 대한 집착은 백인제국주의의 영향이라며 자신들은 자연스럽게 작은 눈과 갈색 피부를 유지하겠다고 했다. 미래의 백인들은 성형 안 한 작은 눈의 중국인을 선호할 거라고 주장했다. 중국계 미국 여성의 자신감은 제법 견고했다.

반면 이 변호사는 가난한 동남아인에게 1달러도 안 되는 돈을 주지 않으려고 몇십 분을 싸우고 있었다. 자신이 인정하지 않는 한 단 1센트도 줄 수 없다며 승강이를 벌이는 그녀에게 나는 왜 그렇게 현지인을 무시하느냐며 따졌다. 팁을 요구하는 운전기사와 몇십 분을 싸운 그녀는 1달러를 아꼈다며 좋아했다.

저녁에 이 지독한 중국계 미국인의 가족사를 들을 수 있었다. 아버지는 중국 본토에서 홍콩으로 밀입국했고, 길거리 음식을 주워 먹으며 돈을 모아 미국으로 향하는 밀항 컨테이너를 타고 캘리포니아에 갔다. 온갖 험한 일을 하며 악착같이 돈을 모았고 지금은 샌프란시스코에서 꽤나 유명한 부자가 되었다.

하지만 부모는 자녀에게 교육을 제외한 나머지는 지원하지 않았다고 한다. 어릴 적 교통사고가 나서 병원에 입원한 딸에게 부모들은 위로 대신 약해지거나 눈물을 보이지 말라고 다그쳤고 병원비를 갚으라며 차용증을 써줬다고 했다. 항상 장학금을 위해 치열하게 공부하느라 자신과 부모의 관계는 철저하게 현실적이고 금전적 계산에 따른 이해관계라고 말했다.

캘리포니아 철도 노동자로 이민 와 차이나타운이라는 거대 경제권을 이룬 중국인들이 어떤 생각을 하고 있는지 배울 수 있었다.

역사는 승자가 바꾼다

영광스러운 크메르 제국의 캄보디아 앙코르와트 사원은 나무가 화려한 건물을 덮어 사라져 있던 것을 탐험가가 발굴했다. 거대한 왕국이 역사속으로 사라져 폐허가 된 모습을 보면서 '역사는 승자의 기록이며 민족과 도시는 살아남은 자들이 만들어간다'는 생각이 들었다. 미국 원주민들이 살던 미국은 백인들에 의해 역사가 쓰인 것처럼, 언젠가 유태인과 중국인에 의해 새로운 역사가 쓰이리라. 중국과 일본을 가로지르는 동북아시아의 역사 역시 승자에 의해서 기록될 것이다.

거대한 나무뿌리들이 감싼 석상과 건물들 사이로 일본의 원조 프로젝트 문구들이 눈에 띄었다. 일본은 동남아시아에 일본 자금을 투입해 문화재 복원과 각종 인프라 지원 등을 하면서 국가 이미지를 개선하고 있었다.

문화재를 공동 복원하거나 환경을 보호하고 아이들과 예술을 지원함으로써 동남아인들에게 친일 감정을 심는 과정이 마치 일제 강점기의 지배전략 같았다. 일본의 침략행위에 대한 반성과 사과 요구도 좋지만 한국 역시 일본 이상의 전략적 외교와 대외교류를 통해 친한파를 만들어 나가야 될 것 같았다.

시엠립에서 출발한 버스가 중간에 고장 나서 멈췄다. 어린아이들이 살아있는 타란툴라(검정색 독거미)를 내 목덜미에 던지고 장난을 쳤다. 독이 있다 없다 장난이 오고가는 사이 타란툴라는 다시 아이에게 건네졌고 나는 튀김음식이 된 바구니의 타란툴라를 보았다. 태국에서 귀뚜라미와 매미 튀김과 더불어 거미 튀김은 도전하기 힘든 과제였다. 맛있게 먹는 아이들을 보며 거미를 먹을 수밖에 없었던 아픈 과거를 읽을 수 있었다.

크메르 루즈 정권에서는 교육을 받은 이들이 170만 명 넘게 학살되었으며, 1979~1980년 사이에는 62만 명이 굶어죽었다고 한다. 아사를 피해 거미까지 먹어야 했던 부모 세대의 비참한 과거에 가슴이 아프고 저렸다.

　대학살로 중년 인구가 절대적으로 부족해졌고 끼니를 연명하느라 마약과 매춘이 넘쳐나는 극빈국이 된 캄보디아. 하지만 급변하는 중국과 그 뒤를 잇는 베트남을 따라 저렴한 노동력의 캄보디아로 분명히 제조업과 성장의 물결이 흘러들 것이라고 생각했다.

　100만이 넘는 인구의 수도 프놈펜에 도착한 나는 툭툭(3륜차) 운전사를 찾았다. 터미널에서 오랫동안 기다리며 영어로 호객하는 꾼들은 무조건 피해야 한다. 나는 허름한 툭툭을 타고 호텔을 찾아갔다. 5달러 수준의 호텔을 찾다 보니 마리화나 냄새가 스멀스멀 기어들거나 전구가 없는 음침한 방들이 대부분이었다. 박물관에서 시간을 때우다가 해가 지자, 나는 툭툭 기사에게 5달러를 줄 테니 당신 집에서 머물면 어떨지 물었다.

　기사는 흔쾌히 프놈펜 외곽의 마을로 나를 데려갔다. 갓난아이와 그의 아내, 부모님을 소개하면서 간단한 저녁을 대접해주었다. 나무로 된 2층집의 1층은 소와 염소가 살고 2층은 가족들이 살았다. 빗물을 모은 커다란 항아리의 물로 세수를 하고 밥을 지었다.

　타임머신을 타고 과거로 돌아간 듯한 저녁은 칠흑같이 어두웠지만 모기장과 촛불 아래 편안한 잠을 자게 되었다.

다음 날, 한 달 소득이 100달러가 안 되는 그에게 나는 내 신분을 밝힌 추천서를 한글과 영어로 작성해주었다. 사람들에게 한국어로 인사하는 말을 알려주고 아이들에게는 영어사전과 책을 선물했다. 언젠가 꼭 다시 보자는 인사를 전하며 캄보디아를 떠나게 되었다.

절망을 희망으로 바꾼 동남아 여행

동남아 대부분이 무비자였지만 까다로운 미얀마는 비자가 필요했다. 그렇다고 비자 발급을 기다릴 시간이 없었다. 급행료를 지불하면 입국비자를 만들어준다는 배낭여행객의 말에 나는 무작정 국경으로 갔다.

군사독재의 은둔왕국은 캄보디아보다 더욱 불안했다.

태국 심사대를 통과해 미얀마 국경인 카오통까지 보트를 탔다. 불안한 침묵이 계속되었다. 국경에서 심사원에게 돈을 건넸더니 그는 나를 외진 곳으로 안내했다. 곧 특별한 허가증을 발급해주었고 나는 심사대를 통과할 수 있었다. 몇 분 뒤 총소리가 들리더니 군인들이 뛰어다니며 태국으로 밀입국하는 미얀마인을 체포했다. 내 허가증은 갑자기 압수되었고, 입국이 불가하다며 다시 나를 태국으로 쫓아냈다. 불과 10분도 안 되는 나의 미얀마 입국은 10년을 감수하는 짜릿한 스릴의 순간이었다.

지친 몸으로 말레이시아와 쿠알라룸푸르를 거쳐 싱가포르로 돌아왔다. 내가 머물던 집주인은 내 여행루트를 듣고 길바닥에 돈을 뿌리고 왔다면서 미친 짓이었다고 했다. 정확히 31일 만에 나는 동남아 12개국을 온갖 교통수단으로 다니면서 최소 경비로 여행을 마쳤다. 미친 짓임에 분명했다. 비록 매우 짧은 시간을 이동했지만, 한국인으로서 갖는 열등감을 극복하게 되었다. 동남아인의 포근하고 순박한 미소, 놀라운 자연환경, 정치와 이념이 국가의 운명에 미치는 영향도 체험하게 되었다. 부정부패, 바가지와 사기도 많지만 분명 메콩 강을 비롯한 동남아의 미래는 엄청난 성장으로 빛날 것이라는 강한 신념이 생겼다. 그곳 어린이들의 눈빛에서 호기심과 미래에 대한 희망을 보았기 때문이다.

미국 대륙횡단과 인도 히말라야 등반 그리고 동남아 여행 경험은 내 인생에 큰 자산이 되었다. 나는 한국과 외모 콤플렉스에서 해방되었다. 동남아에서 나는 평균 키를 가진 잘생긴 한국 남자였고 한국 여자들이 금발의 미남을 대하듯이 인기가 있었다. 웨스트 서울 출신이냐고 묻던 미국인과는 달리 모든 동남아인들이 한국을 잘 알고 있었고, 그들에게 한국은 본받고 따라가야 할 부러워하는 경제 모델의 대국이었던 것이다.

그들은 자신들을 지배하던 수많은 제국주의와 침략전쟁을 일삼던 강국보다는 한국처럼 타 국가에 대한 침략전쟁이나 탐욕 없이 오직 문화와 전통, 그리고 근면한 노력에 의해 무에서 유를 창조한 경제성장모델을 원하고 있었다. 세련되고 잘생긴 한국인에 대한 부러움 때문에 한글이 쓰인 옷을 입고, 한국식 헤어스타일과 한국말을 하는 동남아시아인을 보며 분명 한국이 동남아시아에서 확보할 시장과 기회는 무궁무진할 것이라 생각했다.

젊은이들이 결혼을 빨리 하고 대가족을 이루는 동남아시아의 인구 성장은 내가 어릴 적 배우던 피라미드 형태였다. 언젠가는 동남아시아의 아이들이 세계에서 일하며 무시 당하던 아시아를 세계 무대로 올려줄 것이다. 나는 한국에서 태어난 것이 자랑스럽고 다행이라는 생각을 하게 되었다.

장애 동생과
떠난
유럽

특별훈련

목표는 28개국, 신발끈 바짝 매

2006년 유럽 여행을 준비하면서 기대와 흥분보다는 비장한 각오가 계속되었다. 사고로 장애인이 된 동생에게 나의 여행 경험을 나눠야 한다는 강한 동기가 생겼다. 하지만 대학원 마지막 학기를 앞두고 취업과 생계를 준비해야 했고, 전 재산을 투자한 상가분양 관련 소송이 진행되고 있었다.

'수년을 사귄 여자 친구와 몇 달 뒤 결혼이 예정된 이 상황에서 나는 과연 떠나야 할까?'

경비는 400만원이 채 안 돼서 유레일패스 구입비를 제외하면 불과 1주일 정도의 경비였다. 그것도 오래 병원생활을 해온 왼손이 불편한 동생을 데리고 가야 한다. 대학 4학년인 동생도 나도 취업 준비를 해야 하는데.

'어쩌면 내 인생에서 2개월짜리 여행은 마지막이 될 수도 있다. 유럽여행에 대한 낭만과 여유는 없다. 오직 목표 달성을 위한 실행뿐이다. 돈도 직업도 없는 나이 많은 대학원생인 나는 동생과 나를 위해 기필코 도전해야 한다. 지금 아니면 갈 수 없다. 버티는 데까지 버텨보자. 목표는 28개국 방문이다.'

유레일패스 2개월분을 끊고 유레일로 갈 수 있는 국가들을 표시하고 동선을 만들었다. 원칙은 무조건 그 나라에서 하루는 잘 것, 전통시장과 박물관을 갈 것. 현지 음식을 먹고, 현지 사람과 이야기하는 것을 목표로 정했다.

가장 저렴한 베트남 항공을 이용해 경유지인 호치민시에 내렸다. 도착하자마자 우편엽서를 들이대는 소매치기에게 동생은 디지털카메라를 도난당했다. 치열한 여행을 해왔던 나에 비해 해외여행이 두 번째인 동생에게 잔소리를 쏟아냈다. 험난한 유럽 여행의 예고 같았다.

"거봐! 조심하라고 했지. 이제부턴 내 말을 들어. 병원에서 환자로 지내던 생활을 잊어. 이제부터는 강행군이야. 내가 경험한 최악의 상황을 경험할 거야. 신발끈 바짝 매."

동생과 함께 쌀국수로 마지막 풍요로운 식사를 마쳤다. "많이 먹어둬. 이젠 이렇게 못 먹을 거야." 유럽여행에 기대가 넘치는 다섯 살 아래의 동생은 여전히 어린애 같아서 지키고 보살피고 교육해야 했다. 경비를 최대한 아껴야 했기 때문에 빵과 물 외에는 따로 배를 채울 수가 없었다.

로스차일드 가문의 시작, 프랑크푸르트

비행기에서 바라본 독일은 녹색의 숲과 정돈된 마을이 동화 속 맑은 세상 그 자체였다. 유레일패스를 수령하고 유로화 환전을 했다. 역시 〈론리플래닛〉의 자세한 정보는 배낭여행객의 생각과 행동, 동선을 지배하면서 목표를 정확히 수행하게 돕는다.

도시 지도와 나침반을 가지고 괴테의 도시 프랑크푸르트로 출발했다. 세련된 정장 차림의 유럽인들이 시내에 가득했다. 독일 역사상 중요한 장소인 뢰머 광장을 찾았다. 독일 황제의 대관식이 열렸고, 히틀러의 선동과 각종 박람회가 개최된 유서 깊은 곳이었다.

2006년 독일 월드컵이 한창인 때라서, 영국 훌리건들이 광장 가운데에 있는 정의의 여신인 유스티니아의 검을 훔쳐갔다고 했다. 괴테하우스 등 명소를 방문하고 시장과 박물관을 구경한 뒤 아름다운 마인 강을 따라 카이저돔 대성당으로 향했다. 멀리서 보이는 카이저 성당에 다가갈수록 동생과 나는 탄성을 지르기 시작했고 결국 입구에서는 입을 다물 수가 없었다. 대성당의 위용과 하늘을 향해 치솟은 독일 성당의 웅장함에 독일인을 우러러보게 되었다.

프랑크푸르트에는 유럽의 금융중심지로 다양한 국적의 외국인들이 모여 있었다. 바쁘게 움직이는 독일의 경제도시에 프랑스인들과 영국인들이 길에서 샌드위치를 먹고 있었다.

세계 금융계를 지배하는 유대계 금융가문 로스차일드 가문이 여기서 골동품 중개인으로 사업을 시작했다고 한다. 영국, 오스트리아, 이탈리아, 프랑스에 형제들을 보내 정보를 얻고 전쟁이 일어날 때마다 양쪽에 돈을 빌려주고 이기는 쪽에서는 배당을, 진 쪽에서는 저렴하게 권한을 가져가며 지속적으로 유럽의 국제금융의 중심으로 시스템을 만들어 갔다. 대중들은 무지해지며 결국 정치가의 선동에 의해 전쟁을 하면서 자신의 권리와 이익을 시스템으로 이동시켰다. 이런 세계적인 금융기관과 로스차일드 가문의 시작이 된 도시의 구석구석은 요한 볼프강 폰 괴테가 태어나고 수많은 글과, 여행기 〈이탈리아 기행〉을 완성한 것처럼 유럽의 관문으로 이동하고 국제적인 감각을 배양하기에 최적의 장소였다.

붉은 방패의 시발점이 된 프랑크푸르트는 교통과 금융의 중심지로 유수한 기업의 본사와 유럽중앙은행과 미국은행 등 금융기관들이 모여 있었다.

중세 유럽을 지배하던 천주교와 독일에서 시작된 개신교의 물결, 세계대전과 산업혁명, 현재의 금융까지 역사책에서 보던 정보들이 바로 눈앞에 펼쳐지고 있었다.

강소국 베네룩스의 생존법

쌀쌀한 아침을 열며 최대한 많은 곳을 방문해야 한다. 코벤즈와 본에서 박물관과 시장을 구경한다는 미션을 빠르게 달성하고 나폴레옹이 유럽의 골동품이라 불렀던 룩셈부르크에 도착했다.

유럽에서 가장 물가도 높고 소득도 높은 작은 도시국가는 미국과 인도 같은 대국의 개념을 바꾸어놓았다. 어떻게 이 작은 나라 사람들이 명품과 고급 자동차가 넘쳐나는 부국을 만들었는지 궁금했다. 독일과 프랑스의 문화를 유지하면서 전략적 요충지로 성장한 아름다운 장미화원의 명품 국가가 한껏 부러웠다.

프랑스, 독일, 영국의 강대국 틈에서 항상 실리를 추구하며 경제 성장을 추구했던 베네룩스(벨기에, 네델란드, 룩셈부르크)의 생존법은 상황에 맞는 언어였다. 이들은 약소국의 단점을 노동, 자본, 상품, 서비스를 연결하고 자유로운 왕래를 보장하는 등 무역의 중심으로, 항상 연합체를 만드는 데 익숙했고 결국 유럽 경제 공동체의 시발점이 되었다.

그들은 강대국의 눈치를 보며 그들의 심기를 건드리지 않은 채 무역의 중심으로 빠르고 낮은 세금과 숙달된 서비스를 통해 장기적인 성장모델을 구축하고 지속적으로 성장했던 것이다. 무모하게 전쟁을 하거나, 불필요한 군비확장, 정치적인 갈등을 최소화하며 단결했고, 결국 세계 전쟁의 피비린내 나는 유럽의 전장에서도 버티며 피해를 최소화했던 것이다.

그들은 대규모 건축이나 공사를 하지는 않지만 설계와 관리를 하면서 돈을 벌고 있었다.

룩셈부르크가 한 앵글에 들어오는 배경을 두고 여러 장의 사진을 찍었고, 동생은 사진 못 찍는다는 내 핀잔에 감정이 폭발해서 한국으로 돌아가겠다며 몽니를 부렸다. 나는 내가 겪었던 군대 행군, 강원도 횡단, 미국과 인도의 배고픈 여행에서 얻은 경험을 병원 생활과 보호에 길들여진 동생에게 전달하고 싶었다. 동생은 항상 손을 숨기고 다니며 외부 접촉을 피하는 트라우마에 시달리고 있었다. 물병 뚜껑을 열어주거나 짐을 들어주는 자잘한 도움도 없이 박물관과 시장을 스쳐 지나가는, 빡빡하고 허기진

강행군은 만만치 않았다. 결국 동생은 한국으로 돌아간다고 선전포고를 했고 나는 음식을 좀 더 먹기로 했다.

긴장과 갈등이 계속되는 가운데 브뤼셀에서 현지 체험 음식을 먹기로 한 계획에 따라 벨기에 초콜릿의 신세계를 경험했다. 입안의 따뜻한 열기를 품으면 스스로 녹아버리며 와인이나 크림, 아몬드와 계피 향이 혀에 스며드는 벨기에 초콜릿은 짜증과 피로에 지친 형제의 여행에 윤활유가 되었다.

전문 초콜릿 가게가 많아서 달콤한 맛으로 스트레스를 해소하는 서유럽인과 맵고 짠 자극적인 음식으로 통감을 즐기는 한국인의 문화 차이를 느꼈다. 치아가 썩는다며 단 것을 많이 먹지 않았는데도 미국, 유럽인보다 훨씬 더 충치가 많은 나는 '차라리 이런 초콜릿이라도 실컷 먹었으면 후회는 없었을 텐데'라는 생각이 들었다.

미니어처 박물관인 미니유럽은 유럽연합 회원국들의 명소가 한곳에 모여 있어 외국인들에게 유럽을 소개하는 관문이다. 한국에도 중국과 인도, 일본, 동남아시아를 대표하는 건물들을 모아놓는다면 한눈에 건물양식의 차이 등을 볼 수 있어서 좋겠다는 생각이 들었다.

유스호스텔에서 전 세계를 다니며 마사지를 해주는 일본인 여행객을 만났다. 집을 떠난 지 수년째라서 일본말이 어색해졌다며 호신용 봉을 들고 무술을 보여주었다. 여행하다가 돈이 떨어지면 호텔에 마사지사로 일하고 돈을 벌면 다른 곳으로 떠난다며 마사지사는 빠른 취업과 여행이 가능한 최고의 직업이라고 소개했다.

강소국인 베네룩스 연합을 보며, 유럽에서 당당히 생존전략을 펼치는 브뤼셀이야말로 한국이 미국과 중국, 일본 사이에서 취해야 할 모델 같았다. 보잘것없는 오줌싸개 동상을 관광 명소로 만든 대리석의 도시와 거리에선 풍요로운 식사와 커피 향이 넘치고 있었다.

경비를 절약하느라 식당에 앉을 수는 없지만 눈과 귀는 무척이나 풍요롭고 아름다운 시간들이었다. 계속되는 유럽 교회와 성당의 섬세한 조각상과 그림들로 저절로 기도가 익숙한 상황이 되었다. 빵과 물에 길들여지며 계속 북쪽으로 올라갔다.

───────

네덜란드의 실용성, 스칸디나비아의 백야

고흐의 유화물감 향이 실려 오는 듯한 암스테르담의 바다 냄새가 좋았다. 다양한 인종이 사는 네덜란드는 거인들의 도시 같았다. 평균 키가 큰 네덜란드인은 바이킹의 후예들로 강한 골격과 쭉 뻗은 다리 그리고 정확한 계산과 협상을 무기로 상권을 장악하는 탁월한 상인으로 유명했다.

포르노, 마리화나, 매춘 등이 합법적인 암스테르담에는 세계의 여행객들이 넘쳐나고, 렘브란트의 그림이 연상되는 아기자기한 도시에 비치는 사선의 태양빛 덕분에 맘에 드는 사진을 찍을 수 있었다.

저녁이 되자 사람들이 몰려드는 곳에 반나체의 여인들이 서 있었다. 처음엔 팝아트나 이벤트를 하는 줄 알았지만, 그녀들은 실제로 손님들을 받고 매춘을 하는 접대부였던 것이다. 창문을 치며 호객 행위를 하는 접대부들은 당당히 세금을 내는 시민들이다. 암스테르담을 성 산업과 마약의 메카로 성장시킨 데에는 이념과 사고의 틀을 깨는 네덜란드인의 실용적 사고가 뒷받침된 것 같았다. 한국은 마약도 매춘도 금하지만 주택가, 도심지 곳곳에 낯 뜨거운 광고와 선전문구가 가득 찬 실질적인 성매매의 천국이었고, 대부분의 미군 병사들이 한국에 가면 접대부 조심하라는 지침이 나올 정도로 한국의 성문화는 음밀하지만 더 타락한 국가였다.

오히려 네덜란드처럼 자유로운 개방정책이 삐뚤어지고 음밀한 한국인의 이중적인 사고와 가정 파괴를 막을 수 있을 거란 생각을 해보았다. 낙태, 마약, 도박, 매춘 등을 강력하게 통제하는 것이 사회를 발전시킨다면 그 사회는 통제하는 이들이 모든 권력과 자율을 가질 것이다. 세금을 내는 접대부들, 마리화나를 피우는 네덜란드인들이 한국의 은밀한 지하문화, 담배중독자, 성매매 접대문화, 불륜과 이혼 등의 문화에 대해 어떻게 생각할지 궁금했다.

뉴욕 역시 네덜란드의 영향을 받았고, 남아프리카공화국과 일본을 비롯한 아시아 역시 네덜란드의 영향력이 미쳤으니 국가의 규모나 이념보다는 인본주의적인 실용성이 경제적 강국의 요인으로 보였다.

우리는 밤새 헤매기로 했다가 배낭이 주는 허리 고통과 추위를 이기지 못해 암스테르담 역에서 노숙을 했다. 길에서는 잘 수 없다던 동생 역시 결국 박스를 깔고 잠든 나를 지키고 서로 번갈아 잠을 잤다. 신문지를 덮으니 영락없는 노숙자와 다를 바 없었지만, 다행히 다른 길거리 배낭족들이 있어 위안이 되었다.

유레일을 타고 함부르크에 도착했다. 기계와 콘크리트의 산업화 도시를 경험하고 거리의 연인들이 나누는 애정 표현들을 자주 보면서 그들의 창의적인 사고와 행동들이 새로운 디자인과 아이디어를 실현시켜 국가의 부를 가져오는 것 같았다. 노동집약적인 제조업의 공정 절차에다 창의적 아이디어와 디자인을 더해 부가가치를 높이는 유럽인들처럼 한국 역시 자유로운 국민 정서를 심어 유익한 아이디어를 창출해냈으면 좋겠다는 생각이 들었다.

덴마크, 노르웨이, 스웨덴은 비슷한 느낌이 계속되었다. 왕궁은 견고하고 자전거를 타고 다니는 덴마크인들은 소박해 보였다. 유명한 인어공주상 역시 생각보다 화려하지 않았다. 비싼 물가의 코펜하겐은 가난한 여행객에게 오랜 기간의 체류를 허락하지 않았다. 유명한 맥주 공장과 관광지를 빠르게 방문하고 스웨덴으로 넘어갔다.

간혹 여행 중에 만난 한국인들이 같은 한국인을 차림새로 차별하고 무시하는 언행이 안타까웠다. '왜? 해외에서까지 서로 무시하는 걸까? 촌스러운 우리들이 그들의 세련된 구별 짓기 사진에는 어울리지 않아서일까?'

유대인들은 서로 돕고, 중국 화교들도 견고하고 끈끈한 네트워크를 전 세계에 펼치는 반면, 최고의 두뇌와 높은 교육수준을 자랑하는 한국인들은 남북으로 비난하고, 교민과 관광객, 심지어 같은 관광객끼리도 서로 피하는 모습을 봤다. 혹시 분리시켜 통치(Divide and Rule)하는 영국의 식민지배 정책을 따라 조선을 통치하던 일본의 식민지배 정책의 잔재일까?

수많은 약탈과 침공으로 유럽에 금발과 푸른 눈의 유전형질을 심어준 바이킹들은 스칸디나비아 반도를 포함해 노르망디와 갈리시아 지방을 개척했다. 북유럽 거인의 후손들 속에서 나는 왠지 초라한 모습이었다.

노르웨이 피오르드의 거대한 협곡과 웅장한 산맥 그리고 베르

겐의 아기자기한 도시 풍경에서 가슴 설레는 여행의 재미를 느꼈다. 스웨덴의 백야는 밤새도록 피로를 모르고 떠들게 했다.

유독 동양인처럼 생긴 현지인들이 있어 말을 걸어봤다. 한국계 입양인이라고 했다. 한국에 가본 적은 없지만 꽤 많은 입양인들이 스웨덴에 산다고 했다. 같은 민족이라도 환경이 다르니 사뭇 다른 얼굴 표정과 커다란 키, 두꺼운 피부 등이 신기했다.

스웨덴과 핀란드를 오가는 페리 안에서 우리는 이케아에 근무하는 요한센이란 사람을 만나 친구가 되었는데, 훗날 공무원이 되어 한국에 이케아를 유치하는 데 이 친구가 큰 도움을 주었다. 세계적인 휴대전화 회사 노키아가 있는 핀란드에 도착해 순록고기를 맛보고, 핀란드식 사우나와 박물관들을 방문했다.

덴마크, 노르웨이, 스웨덴의 스칸디나비아인들이 영어에 익숙하고 금발의 푸른 눈을 가진 전형적인 북유럽인의 외양인 반면, 핀란드인들은 왠지 모르게 러시아 사람들과 비슷한 느낌이 나면서 문화 역시 약간 달라 보였다. 러시아의 테니스 선수 마리아 샤라포바와 닮은 미녀들이 거리에 가득했다.

소련의 연방국에서 독립한 에스토니아의 수도 탈린에 머물게 된 우리는 상대적으로 저렴한 물가와 영화 〈슈렉〉에서 본 듯한 중세 유럽의 복장을 입은 현지인들 속에서 유럽의 분위기를 한껏 누릴 수 있었다. 좁은 성곽 사이의 도시에서 중세의 음식을 팔고

서커스 대원들이 묘기를 부리며 바비큐와 감자를 굽는 노점상들의 맛있는 불냄새가 진동했다.

독립국가연합(CIS)에 소속되지 않고 소련군의 무력시위 앞에서도 묵묵히 독립운동을 지속하며 소련을 해체시키는 데 일조를 한 에스토니아인들은 타임머신으로 돌아간 과거에서 살고 있었다.

게스트하우스에서 추천해준 생선을 먹어봤는데, 거의 모든 숙박객들이 항의하면서 심하게 악취가 나는 음식을 멀리했다. 이 비린내덩어리에 한 한국인 여행객이 고추장을 버무렸더니 먹을 만해져서 오래간만에 꽁치 요리를 저녁으로 먹게 됐다.

아직도 소련의 영향으로 KGB와 마피아가 많다고 했다. 떼거리로 몰려다니며 소리 지르는 에스토니아 청년 중 한 명이 나를 따로 불렀다. 이곳은 위험하니 나중에 길로 나오라며 나에게 갈고리 십자가의 나치 문양과 나치 친위대의 문신을 보여주며 자신은 신나치주의자이며 과거 러시아와 맞서던 독일을 지지하고 독립운동을 이끌던 사람들의 후손으로 외국인들을 혐오하지만, 동양인은 좋아한다며 자기 친구들이 길에 다니는 우리들을 공격할 수 있으니 조심하라고 경고했다. 그러고는 슬쩍 목에 칼을 긋는 흉내를 냈다.

아직 끝나지 않은 2차 대전의 망령이 21세기에도 일부 젊은이들의 문신에 남아 아름다운 경치에 취한 여행객의 마음을 두렵게 했다. 우리는 라인강의 기적을 이룬 독일로 향했다.

잿더미에서 일어난 독일처럼

　북유럽 여행을 마치고 돌아온 베를린 시내는 2006 독일 월드컵 4강전으로 뜨거웠다. 독일이 이탈리아에 0:2로 지면서 수많은 응원객들은 실망을 감추지 못했다. 베를린 광장에 넘치는 어마어마한 쓰레기들을 보며 청결한 나라도 상황에 따라 가끔 흐트러지기도 한다는 걸 목격했다.
　독일 역사박물관과 유대인 박물관을 방문하면서, 독일제국의 흥망과 유대인의 학살과 인간의 잔혹성을 발견했다. 60만이 넘는 민간인 사망자가 발생했던 드레스덴 폭격과 폭격 맞은 상태 그대로 남은 카이저 빌헬름기념 교회를 보면서 독일 역시 엄청난 공습으로 수많은 사상자를 낸 아픈 과거가 있다는 걸 알았다.
　유럽 여행을 오기 전 나는 상가투자 사기사건으로 소송을 두 차례 진행했는데 결국 한국의 변호사로부터 패소 소식을 듣게 되었다. 몇 년간 모은 전 재산을 잃게 돼 다리가 풀릴 정도로 허망함을 느꼈다. 그래도 패전국의 잿더미에서 성장한 독일과 월드컵 패배에 대해 미래를 기약하는 독일인들을 보며 다시 희망을 갖기로 했다. 정말 밑바닥 아니 그라운드 제로에서 다시 시작하는 것이다.

'그래, 직장도 없고 돈도 없다. 하지만 언젠가는 나도 잿더미로 파괴된 독일이 성장했듯이 우뚝 일어날 거야!'

소송과 대학원비로 남은 돈도 다 써버리고, 그나마 있던 돈도 배낭여행으로 털어버렸다.

기대했던 소송에서 패소하고 한푼의 돈도 없지만 폭탄 공습으로 잿더미가 된 베를린처럼 아무것도 없기에 제대로 계획을 세우고 새로 세계적 도시로 만들 수 있었다.

'나도 32살, 직장도 돈도 아무것도 없지만 나의 경험을 재산으로 다시 성장할 것이다.'

베를린은 동서로 분단된 분단국의 아픔을 딛고 재건을 위해 노력한 결과 세계 네 번째의 경제대국과 유럽연합의 리더로서 통일 독일로 성장했다. 독일인들과 밤새도록 토론하면서 이들은 정치와 철학에 깊은 관심과 의식을 갖고 있으며 논리와 이성을 중시한다는 걸 알았다. 시험 합격에만 목적을 둔 교육을 받아온 내 부족한 인문학적 소양과 단편적 사고가 부끄러웠다.

오랜 이동에 샌들 밑창이 떨어져 강력 본드를 사서 밑창을 붙이며 다녔다. 나중엔 발뒤꿈치가 터져서 걸을 수가 없게 되었고 결국 터진 발꿈치에 본드를 발랐다. 신기하게도 겉피부가 보호되니 일단 걷기에는 문제가 없었다. 분단 독일이 하나가 되듯이 갈라진 발꿈치의 살은 단단히 고정되었다. 반복해서 다른 곳이 터지면 다시 본드를 발라 나중엔 가죽처럼 발바닥에 층이 생겼다.

독일 국경도시를 지나 폴란드 국경을 지나갔다. 국경 심사대에서 독일 제복을 입은 공무원들이 신기하게 쳐다보며 오늘 어디에서 머물 예정이냐며 계속 물었다. 최신형 컴퓨터를 사용하는 독일 공무원과는 달리 폴란드의 국경에선 2세대 도스 컴퓨터에 흑백 모니터를 쓰는, 초라한 복장의 공무원들을 보면서 독일과 폴란드의 국력을 짧은 시간에 비교할 수 있었다. 국경 하나를 사이에 두고 가로수와 도로, 사람들의 표정까지 완전히 다른 모습이었다.

조용한 국경 마을을 걷는 우리에게 폴란드인들은 관심을 보이기 시작했다. 요한 바오로 2세의 그림과 사진들이 걸려 있고 종교적 색채가 짙은 폴란드의 음식들은 독일보다 풍성해 보였다.

온천과 세체니 다리가 있는 헝가리 부다페스트와 슬로바키아의 수도 블라스티라바를 보고, 체코 프라하로 이동해 야경을 구경한 뒤 저렴한 물가 덕에 제대로 된 스테이크를 처음으로 포식했다. 한쪽 손이 불편한 동생이 스테이크를 썰어달라고 부탁했다. 나는 썰어주는 대신 포크로 스테이크를 잡을 테니 동생에게 칼질을 하라고 했다. 험한 세상에서 살아가려면 강해져야 한다는 걸

긴 여행을 통해 경험했기에 강인한 정신을 심어주고 싶었다.

군사작전 같은 장시간의 험한 여행을 하면서 동생은 점차 평범한 여행객이 되었고, 대인기피와 상처투성이의 손을 붕대로 감추며 스스로 한계를 짓던 모습에서 조금씩 용기를 내어 세상으로 나오고 있었다.

매일 저렴한 빵과 음료수로 지내온 우리에게 프라하의 식당에서 먹은 스테이크는 호강이었다. 극단적일 만큼 절약과 호사를 오가는 여행방식에 적응해가는 동생과 함께 경비 절약을 논의하고 있었다.

많은 여행객들이 프라하의 고성과 다리를 카메라에 담았고, 한국말을 하는 프라하 점원들과 세계를 누비는 한국인의 성장과 위상에 자부심이 생겼다.

오스트리아 빈으로 이동하는데 여행객들이 프라하의 불친절에 대해 비판하면서 별로 만족도가 높지 않다는 얘기를 했다. 역시 여행은 상대적이고 주관적이며 개인의 경험에 따라 평가가 달라진다고 생각했다.

오스트리아에서 음악을 공부하는 중국인을 만났다. 부모님은 오래전에 중국에서 추방되었고 중국 정부를 비판하는 걸 보며 애국심과 민족에 대한 관점이 달라졌다는 것이다. 중국인이라도 다른 사상과 생각이 있으니 국적에 대해 획일적인 사고를 가지면 친구를 사귀는 데 장애가 될 수 있다고 했다. 빈 시청에서는 비엔나 심포니 실황을 전광판으로 보여주고 있었고 도시 전체가 음악과 예술이 흐르는 공연장의 분위기였다. 창문 너머로 보이는 삶에서 여유와 클래식과 풍요로움이 넘쳐 배낭여행객의 마음에도 꿈을 심어주는 것 같았다. 동생과 나는 언젠가 발레리 게르기예프가 지휘하는 차이코프스키의 비창을 꼭 다시 듣자고 약속했다.

 서유럽과는 달리 동유럽 거리는 먼지로 가득했고 길에는 사나운 개들이 어슬렁거렸다. 과거 김일성을 추종하며 북한식 체제 구축을 위해 국민들을 잔혹하게 억눌렀던 차우세스크의 화려한 궁전과 동상들에 비해 국민들은 가난해 보였다. 독재자와 잘못된 정치가 금발의 하얀 피부의 얼굴을 고난에 찌든 후진국 국민의 표정으로 굳게 한다는 것이 신기했다.

 게스트하우스에는 개에게 쫓기며 돌을 던지는 집시들을 피해 녹초가 되어 들어온 캐나다인이 있었다. 알고 보니 여행 중 불미스러운 일이 생기는 미국 국적을 속이기 위해 캐나다인 행세를 하고 있었다. 유럽여행에서는 미국인이라는 게 장애물이 된다고 했다.

 한국 자동차와 대우 에어컨 등이 거리에 가득했고, 길거리 전통음식은 새큼한 맛과 기름진 국물이 넘쳐나서 마치 한국 음식 같았다. 박물관에는 로마인의 후예라는 자부심과 다양한 귀금속들이 과거의 영광을 재현하고 있었다.

저녁에는 맥주를 놓고 미국, 프랑스, 몰도바, 루마니아, 독일, 이탈리아, 뉴질랜드, 덴마크 출신의 여행객들이 밤새도록 대화를 나눴다. 친해진 미국인 친구는 몰도바에서 사업체를 운영하고 있다면서 우리를 몰도바로 초청했다. 해바라기 밭과 농부들, 거리를 지나는 말들을 보며 몰도바 국경으로 갔지만 초청장이 없으면 방문비자를 신청하지 못 한다는 말에 인접한 후시로 돌아갔다. 역에서 서성이는 우리에게 젊은 친구들이 말을 걸었는데 한 친구가 갈 곳 없는 우리를 집으로 초대했다.

루마니아 전통 춤과 음식에 취해 한참을 머물다가 우린 다시 불가리아로 향했다. 수도 소피아에 도착하니 영어는 통하지 않았다. 온갖 보디랭귀지로 숙소를 정하고 시내를 구경했다.

유로를 현지 통화로 환전하고 물건 값을 지불하는데 주인이 10년 전 화폐라고 했다. 환전 사기를 당한 것이다. 같은 숫자와 모양인데도 이제는 어디서도 통용되지 않는 종이 그림일 뿐이었다. 지폐의 가치는 사회의 약속일 뿐 장소와 시간을 초월하는 영속적인 건 아니라는 걸 실감했다. 몇 천 년을 떠돌아다니며 금과 다이아몬드에 집착하던 유대인들을 이해할 수 있었다.

베르네란 곳에서 잘 못하는 수영을 시도했고, 얕은 곳이라고 방심하다가 물 밖으로 나오지 못해 죽을 뻔했다. 마지막으로 숨을 크게 참고 물 위로 올라가 소리를 질러서 빠져나왔고 아무 일도 없었다는 듯 우리는 젖은 옷을 말리고 터키행 버스를 탔다. 영어 문외한이던 동생은 어느덧 자유롭게 외국인과 대화를 나누고 있었다.

터키의 머리 아픈 화폐 개혁

이스탄불은 관광객과 검은 머리의 터키인들이 가득했다. 동로마의 수도 콘스탄티노플이 위치했던 이스탄불을 가로지르는 보스포러스 해협의 광활한 풍경은 가슴이 벅찰 정도로 웅장했다.

지정학적 요충지인 이스탄불은 유럽의 끝과 아시아를 연결하는 기독교 세계의 끝이자 이슬람 세계가 시작되는 문명이 공존하는 곳이다. 유럽연합에 가입하려고 고군분투하지만 유럽인들은 터키를 종교와 문화의 차이로 가입을 거부하고 있고, 터키인들은 유로화를 선호하며 유럽 경제권에 기대는 관광대국이었다.

터키에 도착하자마자 우리를 괴롭힌 것은 뜨거운 태양도 복잡한 탁심 거리도 아닌 디노미네이션(화폐단위개혁)이었다. 환전을 하니 수천만 리라를 넘어 수억 리라를 받았다. 엄청난 돈을 받고 나니 부자가 된 것 같아 마음대로 음식을 시키니 음식 값에만 수백만 리라를 지불해야 했다.

어느 곳에서는 단위를 없애고 새 화폐를 요구하는 곳이 있어 계산할 때마다 머리가 아플 지경이었다. 화폐개혁 전에는 평균 급여가 10억 리라가 넘었고 1달러당 1.5리라를 하던 1940년대와는 달리 이제는 1달러당 130만 리라가 넘는다고 했다.

가방 안에 돈뭉치를 들고 다니며 마음껏 돈을 쓰고 나니 다시 가난한 여행객이 되어버렸다. 환율과 지폐의 가치에 대해 실감하고 환차익에 따른 투자 가능성을 알게 되었다. 안전자산에 대한 수요가 커지기 때문에 터키 사람들은 자국 화폐를 모으지 않는다고 했다. 탁심광장의 터키인들은 케밥과 아이스크림을 팔며 관광객에게 볼거리를 보여주었다. 케밥 역시 유럽에서 통용하는 이름일 뿐 케밥은 단순히 고기를 지칭하는 단어이고, 케밥의 종류는 수십 가지에 달했다.

예수를 금발과 푸른 눈의 백인으로 평생 알아왔던 나에게, 소피아성당에서 만난 검은 머리와 검은 피부의 예수상은 크나큰 충격이었다. 하지만 유대인인 예수의 얼굴이 금발이 된 것처럼, 인도와 한국의 석가모니가 다른 것처럼 문화권에 따라 변할 수도 있겠다 싶었다.

오스만 튀르크와 오스만제국 그리고 터키는 서양 중심의 세계관에 따라 축소된 것이었다. 오스트리아에 가서 전쟁을 치를 정도로 강력한 이슬람세국이었으며, 십자군 전쟁이 중세 기사들의 수도 정복이 아닌 약탈과 범죄, 탐욕과 치욕의 전쟁이었다는 다른 관점의 세계관을 알게 되었다.

한국인을 좋아하는 거친 수염의, 느끼하게 생긴 터키 사람들이 먼저 말을 걸고 어울리게 되니 신기했다. 2002년 월드컵에서 보여준 한국과의 우정에 대해 진심으로 한국을 좋아하는 것 같았다. 그들은 특히 한국여인을 더 좋아해서, 지나가는 한국 배낭여행객들이 유럽을 돌다가 터키남자의 느끼한 매력과 미소, 집요한 노력에 넘어가 터키에서 눌러 앉아 사는 한국인이 많다고 했다. 가끔 기념품을 팔거나 매장의 한국여성이 보이면 터키남자의 유혹을 버티기가 힘들 것이란 생각이 들었다.

이슬람 세계를 벗어나 그리스로 향하는 기차가 갑자기 국경도시에서 멈추었다. 기차는 승객들을 내려놓고 떠나버렸다. 그리스로 가는 기차는 하루가 지나야 한다고 했다. 숙소를 물어보니 그냥 국경에서 기다리는 게 낫다고 했다.

모기에 물리며 국경도시를 구경하다가 터키 할아버지들이 머무는 식당에 가게 되었다. 우리가 한국인임을 알게 되자 그 할아버지는 한국전쟁에서 다친 다리의 흉터를 보여주고 한국에서 돌보던 고아들이 있었다며 우리를 반겼다. 그들은 최초로 한국에 고아들을 교육시키며 첫 번째 모스크를 세웠다며 이슬람을 선교한 최초의 군인이라고 했다. 할아버지들은 한마디 영어도 하지 못했지만, 우리에게 모기약을 뿌려주고 몇 번이나 머리를 쓰다듬으며 치열했던 한국전의 실상을 이야기해주었다. 눈물이 글썽거리는 터키 할아버지가 마치 고향의 아이들에게 말하듯이 폭탄소리와 총소리를 내며 전쟁과 한국 아이들을 그려주고 있었다.

그리스의 노숙 형제

아테네 올림픽을 앞둔 그리스에 도착하니 지하철과 새로운 건물이 많이 생겨났지만 발전은 더디고 느린 듯했다. 아프리카 불법 체류자들이 가짜 시계를 파는 골목에는 파키스탄과 아랍계 이민자들과 관광객들이 많아 그리스인들을 찾기가 어려웠다.

그리스 아테네의 숙박은 비싸고 우리는 공원에서 노숙을 하기로 했다. 남쪽이라 날씨도 따뜻했고 이미 몇 번의 노숙을 통해 절약한 돈으로 푸짐한 식사를 해본 터라, 동생이 오히려 노숙을 하자며 공원을 선택했다. 짐과 귀중품은 기차역 사물함에 집어넣고, 안전을 위해 피곤에 지칠 때까지 걷고 더 걸었다. 인적이 드문 시간이 되자 길가의 공원 벤치에서 잠이 들었다.

새벽에 눈을 떠보니 동생이 보이질 않았다. 나는 너무 놀라 소리치며 동생을 찾아다녔다. 옆 도로변에는 차들이 수없이 다니고 있었고, 멀리선 노숙자들이 쓰레기통을 뒤지고 있었다. 비록 귀중품은 도난당하지 않았지만 동생이 통째로 사라져버렸다. 낮에 봤던 수많은 아프리카 불법체류자들이 설마 귀중품이나 장기를 적출하기 위해 사람을 봉고차에 싣고 간건 아닐까? 아니면 무슨 다른 일이 생긴 것은 아닐까?

어린 동생은 내가 책임져야 했고 이 여행에서 동생이 사라지면 나는 부모님의 얼굴을 뵐 수가 없다. 동생이 다친 이후로 얼마나 아파하고 후회했는지 생각했다.

누군가 대로에서 잠든 동생을 태우고 달아났을 것 같은 불안한 마음에 견딜 수가 없었다. 소매치기도 강도도 많다는데 공원에서 잠을 청한 내가 너무 원망스러웠다. 몇 시간을 뒤져도 동생을 찾을 수가 없어 펑펑 울면서 마음을 졸이며 기다렸다. 목이 터져라 불러도 찾을 수가 없었다.

'미안해, 제발 살아 있어라. 내가 꼭 구해줄게.'

포기하고 경찰서에 찾아가려는데 어디선가 동생이 나타났다.

"여기 어디야? 나 많이 잤어?"

부스스한 모습으로 동생은 새벽에 물을 마시러 수돗가에 갔다가 거기서 잠이 들었는데 새벽에 추워서 건물 깊숙한 곳으로 들어갔다고 했다.

동생을 꼭 안고 다시는 잃어버리지 말자며, 앞으로 헤어지게 되면 마지막 장소에서 무조건 기다리자며 원칙을 정했다. 강행군의 일정은 좀 더 여유롭게 하기로 했다.

다시 만난 우리는 아크로폴리스와 고대 유적들을 감상했다.

파르테논 신전의 대부분은 영국에서 가져갔다고 했다. 죄다 목이 잘리거나 팔이 부서진 조각상들이 전시되고 있었다. 산토리니로 향했다. 미안한 마음에 경비를 좀 써서 좋은 호텔에서 자고 마음껏 지중해 음식을 먹기로 했다.

'포카리 스웨트' 광고에서 본 하얀 집들과 작렬하는 태양, 멀리 보이는 바다 아지랑이는 영화 〈태양은 가득히〉의 바다와 어울려 환상적이었다. 한국의 섬 역시 흰색과 파란색의 대비가 분명한 동그란 건물 지붕 등으로 조성해 관광객들을 유인할 수 있으면 좋겠다 싶었다.

〈그리스 신화〉가 저절로 떠올랐다. 제우스와 포세이돈의 이야기들이 뇌세포와 시각 세포를 마구 자극했다. 나는 〈그리스인 조르바〉처럼 밤새도록 산토리니의 해변과 골목들을 뛰어다니며 신들의 나라 그리스를 만끽했다. 이어서 우리는 이탈리아의 바리로 향하는 페리에 몸을 실었다.

이탈리아 밤기차에서 덜 털리는 법

바리의 첫인상은 세련된 디자인의 화려한 이탈리아와는 달랐다. 오래된 건물과 교회들, 마구 널려 있는 빨래, 작고 낡은 차, 더부룩한 노인 등 퇴락한 마을의 모습이었다.

관광객이 넘치는 지역은 그나마 돈이 도는 것처럼 보였지만 남부 이탈리아에는, 호텔이나 음식점 외에는 다른 산업이 없어 남북의 격차가 심해 보였다. 세계 3대 미항이라고 불리는 나폴리에 가니 이탈리아의 화려했던 명성이 살아 있었다.

오랫동안 줄을 서서 먹은 허브 피자는 딸랑 이파리 하나가 토핑이었다. 미국의 토핑이 넘치는 두툼한 피자와는 달리 치즈와 올리브유가 들어간 담백하고 얇은 나폴리 피자는 완전히 다른 음식이었다.

도난이 많다는 이탈리아 밤기차에서는 요령이 생겨 앞으로 매는 가방에 불필요한 책과 손수건을 넣고 안쪽 깊숙이 보조가방을 숨겨두었다. 돈과 여권이 있는 배낭은 침대칸 앞쪽에 던져놓고 잠이 들었다. 예상했던 대로 아침에 보니 보조가방을 도난당했다. 어떻게든 훔치고야 마는 도둑이니 우리 역시 도둑맞을 걸 예상하고 대처해야 했다.

"하하하, 예상대로 털렸군."

우리는 즐겁게 여행할 수 있었다. 가방은 며칠 뒤 밀라노공항 분실물 보관소에서 기적처럼 다시 찾을 수 있었다. 기차에서 잠을 자는 우리는 이탈리아를 매일 남북으로 숙박하면서 하루는 피렌체, 다음 날은 베니스 이런 식으로 여러 도시들을 구경할 수 있었다. 하이라이트인 로마에서는 며칠 더 머물기로 했다. 로마에서도 우리는 귀중품은 모두 배낭에 넣고 허리춤의 보조가방에는 온갖 사탕과 쓰레기들을 채우고 다녔다.

영원한 1등은 없다

로마에는 또 다른 국가 바티칸시티가 있었다. 교황이 있는 바티칸 성당에 발을 내디디는 것 자체가 인생의 커다란 축복이었다. 그동안 봤던 유럽의 건물과 교회, 동상과 그림들이 로마에서 겹치기 시작했다. 미국 워싱턴 DC의 건물들, 독일 베를린의 동상과 조각상들이 로마의 것과 비슷했다.

레오나르도 다 빈치의 '최후의 만찬', 영화 〈냉정과 열정 사이〉의 배경이 된 피렌체의 구 시가지와 밀라노의 두오모 대성당, 영화 〈로마의 휴일〉에 나왔던 콜로세움, 에스파냐 계단, 트레비

분수와 진실의 입, 그림 같은 항구가 있는 포르토피노, 메디치 가문의 우피치 미술관 등 이탈리아의 모든 곳이 건축과 예술, 역사를 한눈에 펼쳐 보여주는 책 같았다.

로마와 피렌체에서는 한국 민박에서 묵었다. 주인은 중국어와 한국어, 이탈리아어가 능통한 조선족이었다. 2호점, 3호점을 낼 정도로 수입이 상당했다. 한국 음식과 라면, 커피 등을 제공하는 꽤 저렴한 숙소였다.

민박에 머무는 가벼운 행색의 젊은 여인들은 명품 보따리상을 한다고 했다. 1년에 몇 번 여행 삼아 다니면서 중고 할인점에서 이탈리아 가구를 수입해 한국 명품거리에서 팔거나 중고 자동차나 이탈리아 원단을 한국에 고가로 판다고 한다. 과시하기 좋아하는 사람들을 타깃으로 한다면 이탈리아는 무역하기에 좋은 곳 같아 보였다.

이탈리아는 더할 나위 없이 아름다운 곳이지만 실업률이 높고 산업이 고사되고 있다고 했다. 유럽의 주인으로 갈리아까지 진격한 로마 제국의 역사를 간직했던 이탈리아가 차츰 그 위상을 잃어가는 모습을 보면서 영원한 1등은 없음을 실감했다.

유럽을 제패한 시저의 로마제국의 이탈리아가 아닌가? 문명의 발상과 전세계 역사의 기원, 그리고 성경책에 나오는 로마 황제가 살던 이탈리아는 이제는 평범한 음식과 패션의 관광중심지에 불과했다. 더 이상 유럽을 지배하거나 1등 국가가 아닌 과거 영광 속의 평범한 나라이다.

이탈리아는 한반도와 비슷한 모습에 비슷한 크기다. 우리도 찬란했던 고대 문명의 중심지였는데, 로마처럼 정복하지 못하고 아시아의 중심으로 성장하지 못한 건 아쉽다.

하지만 흥망성쇠가 있듯 언젠가는 한국도 세계의 중심으로 떠오르고 아시아의 초강국으로 성장할 것이라는 기대를 이탈리아에서 느꼈다. 붕대를 감던 한국과는 달리, 동생은 상처투성이의 왼팔을 창문에 기대며 이탈리아 와인을 마셨다. 우리는 건배를 하며 쓰레기가 가득찬 보조가방을 의자 깊숙히 놓고 열쇠를 채운 채 프랑스와 스위스로 향했다.

산악국 스위스의 고집

야간이동을 하며 하루는 프랑스, 그다음 날은 스위스를 구경한 덕분에 국민과 문화의 차이를 발견할 수 있었다. 세계 3대 음식이라는 프랑스 음식은 바게트 하나도 풍미가 뛰어나 좋은 끼니가 됐지만, 스위스의 차가운 빵은 치즈와 음료수가 없으면 먹기 어려웠다.

척박한 산악국가인 스위스에서 왜 초콜릿과 치즈가 유명한지 알 것 같았다. 우유가 주 생산품이고 다른 식재료가 많지 않아 치즈가 발달할 수밖에 없었고 긴 겨울을 보내려면 발효식품이나 건조식품이 필수였을 것이다. 첨단 정밀산업이 발달한 것 역시 산악지대의 특성상 이동이 적어 오랜 시간 정밀한 작업이 가능했기 때문이다. 외세의 침입을 물리친 강한 군사력과 정신력으로 가톨릭을 지켜낸 일, 중립국을 유지하는 고집 역시 지리적 위치와 조건에서 비롯되었다는 생각이 들었다. 스위스의 군인들은 바티칸에도 화려한 옷을 입고 있었는데, 그들은 대혁명 당시 전원이 사망한 라이슬로이퍼(스위스 용병) 장병들처럼 알프스를 넘나들며 생긴 강인한 체력과 정신력, 그리고 종교적인 신앙심으로 세계적인 용병으로 인정받고 있었다. 그들은 스위스 용병의 자부심으로 포기하지 않는 강한 정신력을 갖고 있었다.

그 강한 정신력처럼, 첨단 제품과 정교한 시계의 제조업 분야에서도 지독한 고집을 보이고 있었다. 일부 기업은 수백 년 동안 계속되며 말 그대로 장인정신의 마인드로 그들의 전통을 고집하며 지켜가고 있었다. 스위스의 금융에 대한 신뢰, 명품 시계, 스위스 나이프 등 스위스는 말 그대로 '좋은 고집'의 본보기 고장이었다.

깨끗한 호수는 파랗다 못해 녹색의 그림 같았고, 풍경 하나하나가 모두 엽서나 달력에 등장하는 사진 같았다. 융프라우와 인터라켄에서는 여기저기 한국어 간판과 문구가 눈에 띄었고 전망대에서는 한국 라면도 팔고 있었다. 더 다양한 관광 코스가 개발되어 스위스 곳곳의 독특한 체험 여행이 가능해졌으면 좋겠다는 생각이 들었다.

여름이지만 쌀쌀한 공기와 차가운 바람은 여행의 후반을 알리고 있었다. 가장 비싼 물가다 보니 굶주린 시간들이 계속되었다. 스위스는 유로 대신 스위스 프랑을 쓰고 있었는데 동전 몇 개가 한국 돈 만 원을 넘으니 동전 하나라도 분실하면 큰일이다. 취리히에서는 국제무대답게 멋진 양복을 입은 세련된 은행가들이 거리를 활보하는데 뉴욕의 금융가보다 훨씬 부유해 보였다. 고급 시계들이 넘쳐나고 고가의 중고 시계들이 팔리고 있었지만 브랜드가 너무 많아 그 진가를 알 수가 없었다.

취리히 근처 역에서 영어가 능숙한 차장을 만나 베른에 도착하는 길을 안내받았다. 영세 중립국을 유지하면서 고도성장과 번영을 누리는 건 바로 영어, 독일어, 프랑스어에 능한 이들의 외국어 실력이란 생각이 들었다. 벨기에, 네덜란드, 싱가포르 역시 영어에 능통한 것을 보며, 한국인 역시 영어, 중국어, 일본어에 능통해서 스위스처럼 강소국의 기초를 마련하면 좋겠다고 생각했다. 기차여행 또한 가장 편안하고 조용했다. 덕분에 우리는 편히 쉬면서 모나코에 도착했다. 황금빛 모래가 깔린 푸른 해변을 따라

고급 요트와 화려한 호텔들이 즐비한 모나코는 온통 아이보리색 대리석과 왕족의 이야기가 가득한 궁전 같은 나라였다.

못 말리는 스페인의 정복욕

바르셀로나의 천재 건축가 가우디의 사그라다 파밀리아(성가족성당)가 118년째 공사 중인 현장을 보고, 가로수가 늘어선 람블라스 거리에서 다양한 공연을 감상한 뒤 마드리드로 향했다. 기차가 늦게 도착한 탓에 마드리드 역사에서 한국인들과 함께 모여 밤을 새우며 지난 여행 얘기를 나눴다. 해가 뜨자 우리는 투우 경기를 관람했다.

쇠와 뿔이 부딪히는 소리가 투우장을 울렸다. 눈을 가린 말 위에서 긴 창을 가진 기사는 성난 황소를 창으로 찍어 여기저기 상처를 내고, 그 상처를 계속 후벼 파며 사이를 넓힌 뒤 고리가 달린 꼬챙이를 살에 박아둔다. 마지막으로 화려한 복장의 마타로르(투우사)가 나타나 빨간 천을 이리저리 흔들다가 소의 힘이 빠지면 커다란 장검을 소의 등에서 심장 쪽으로 빠르게 밀어 넣는다. 눈알이 뒤집힌 채 소가 모래에 쓰러지면 말들이 그 소를 질질 끌면서 경기가 종료된다. 그 잔혹함과 선혈이 낭자한 모습에 비위가

상했다.

 하지만 몇 번을 보다 보니 투우사가 한 번에 소의 심장을 찌를 때 터져 나오는 관객들의 환호에 나도 쾌감을 느끼고 있었다. 투우사의 칼에 소가 한 번에 쓰러지지 않고 한참 서 있을 때는 살짝 답답하기까지 했다. 경기장 옆 식당에서는 경기에 참가했던 소의 스테이크를 팔고, 그 옆에는 각종 칼을 파는 가게가 있었다. 사무라이 칼부터 바이킹 도끼 등 누구나 칼을 구매하는 걸 보며 스페인의 문화에는 종교성과 잔인함이 공존하는 듯했다. 어쩌면 그런 정복욕이 제국주의와 식민 지배의 동력이 되었을 것이다.

 잔인함에 얼굴을 돌리고 욕지기를 참던 동생과 나 역시 마지막엔 투우에 열광하고 있었고 전시된 칼들을 보자 칼을 휘두르며 소의 목에 치명적인 상처를 내는 상상을 하게 되었다. 몸속에 내제된 사냥본능을 깨우친 개처럼 자신이 늑대가 되어 사냥감과 날카로운 이빨을 드러내는 인간의 본능을 보게 되었다. 수천 명을 학살하는 정복자들과 일제시대 일본 군인들의 대학살은 원래 잔인한 이가 하는 것이 아니라, 투우 같은 교육을 통해 학습하게 된다는 생각을 했다.

 어린 시절부터 투우를 반복적으로 보게 되면 개인의 자유와 권리를 위협하는 상대에 대한 '정당한' 공격 충동이 생길 것 같았다. 투우를 보며 제국주의자와 정복자의 기분이 이해가 됐다.

유럽인들의 정복욕과 개척정신을 통해 세계사의 흐름이 바뀌게 된 모습을 보면서, 고립된 조선인들이 미지의 대륙을 향해 항해를 해왔다면 지금의 역사는 어떻게 변해 있을까?

프랑스는 어떻게 강국이 되었나?

스페인과 포르투갈을 경험하고 다시 북쪽의 프랑스로 향했다. 독일 여행부터 시작된 맥주 마시기를 그만두고 이탈리아, 스페인, 포르투갈, 프랑스에서는 현지의 저렴한 와인을 마셨다. 남쪽은 태양이 강해 포도도 달고 와인도 단 것 같았다. 산지에서 사먹는 포도와 와인에서 비슷한 느낌을 받았다.

프랑스 보르도에 도착해 철도 근처에 있는 산딸기를 먹고, 마켓에서 포도송이와 바게트를 먹었다. 아비뇽에 들러 교황이 머물던 곳을 방문한 후 리옹에서 친구를 만나 블루치즈와 과자를 맛봤고, 파리에서는 프랑스 요리를 먹었다.

프랑스는 요리도 최고지만 마트에서 파는 식재료들 역시 신선하고 품질이 좋아 조리를 하지 않아도 맛이 있었다. 프랑스는 풍요롭고 다양하며 행복해 보였다. 우리는 파리의 한국 민박에서 오랜만에 닭갈비와 불고기, 김치를 먹으며 여행의 맛을 즐겼다.

"뭐 생각보다 별로네. 그냥 철탑이구먼!"

그리스의 아크로폴리스를 돌기둥덩어리라고 평가절하한 동생은 이번에 에펠탑도 그냥 철탑이라고 평가했다. 상종 못할 문화적 하등인 같으니 하다가 자세히 보니 동생 말처럼 거대한 철탑이 맞았다. 이탈리아 피사의 사탑이나 태국 방콕의 탑들보다 화려하거나 멋진 것은 아니었다. 하지만 저녁이 되니 얼굴이 달랐다. 화려한 조명에 반짝거리는 에펠탑에 취해 동생은 감탄사를 연발했다.

"완전 장물 전시장이네. 전 세계에서 다 훔쳐왔어!"

다리가 아프다며 주저앉은 동생은 루브르 박물관을 한마디로 이렇게 평가했다. 그리스와 이탈리아에서 목이 없던 조각상들의 머리가 루브르에 있었다. 동남아시아를 포함한 한국의 유물들, 페르시아와 오스만제국, 아프리카의 보물들 또한 루브르에 있었다. 나는 역사책에서 보던 유물과 보물들을 보며 가슴이 뛰기도 하고 프랑스의 문화적 자부심에 살짝 기가 죽기도 했다. 미국도 프랑스의 미술관과 박물관만큼의 보물들을 소유하지는 못했다.

역사는 강대국 중심으로 흐르고 승자들이 보물을 전시하는 것을 루브르와 대영박물관을 방문하고 느낄 수 있었다. 문화에 대한 상대적인 열등감으로 가득 찬 형과 사고로 인해 오랜 시간 세상과 단절된 동생이 여행을 통해 다양한 문화와 체험을 할 수 있었고 영국의 유물들에 대한 주관적인 평가를 할 수 있을 만큼 세상을 향한 용기를 채워가고 있었다.

수천만의 관광객들이 파리의 박물관과 거리에서 돈을 뿌리고 있었다. 개발도상국의 중산층들이 프랑스에 와서 수백, 수천 유로를 소비하고 자국에 돌아가 에펠탑 사진을 걸어 놓고 여행을 자랑하며 또다시 부지런히 돈을 모을 것이다. 역시 문화의 힘은 상상을 초월할 정도로 강력하다. 〈쥬라기 공원〉 영화 한 편이 자동차 150만 대를 수출한 것과 맞먹는다는 말처럼 굴뚝 없는 서비스 산업과 콘텐츠 산업의 부가가치는 경제 성장의 중요한 요인이다.

"우리는 왕의 목을 자르고, 귀족들을 처단하고 학생들이 몽둥이를 맞아가며 혁명을 일으켰다. 그리고 나치에 협력한 이들을 숙청했다."

곰팡이가 핀 치즈에 크래커를 맛보라고 주면서, 기차에서 만난 클레어라는 프랑스 친구가 '프랑스는 어떻게 강국이 되었나?'에 이렇게 대답했다. 프랑스가 왜 예술과 문화의 중심인지에 대해서는 자유와 평등의 가치를 중시하며 개인의 사상과 표현의 자유를 보장해서 문화강국으로 성장했다고 말했다. 아버지 세대에는 대학생들이 기성세대에 대항하는 68혁명을 통해 프랑스 대학의 학벌과 계층 간의 격차를 줄이는 변화를 이끌었다고 했다.

원래 군가였던 프랑스 국가인 '마르세예즈'에는 무기를 든 시민들이 매국노와 왕, 귀족들에 대항해 그들의 피를 밭에 뿌리자는 잔인한 가사가 있다고 했다. '마르고 닳도록' 국토를 굳건히 보전하자고 충성심을 강조하는 우리의 애국가와 달리 '죽어서 피를 뿌리자'고 선동하는 프랑스인들이 무서워졌다.

영국으로 가려고 가장 가까운 남쪽을 찾았다. 거기서 페리를 탈 수 있어 기차로 내려갔다. 영어가 통하지 않아 어렵게 찾아간 선착장에서는 오직 화물만 갈 수 있으며 여객선은 다른 도시로 가야 한다며 지친 우리를 좌절시켰다.

해가 졌고 돈은 얼마 남지 않았다. 마지막 여행지인 영국과 아일랜드를 앞두고 이름 모를 프랑스 항구에서 하루를 보내야 했다. 하는 수 없이 기차 안에 몰래 숨어 초가을 추위에 떨며 웅크리고 있었다.

어디선가 구수한 냄새가 후각을 자극했다. 나는 동생에게 잠깐 다녀오겠다며 빵 냄새를 따라 계속 걸어갔다. 빵집은 멀리 떨어져 있었는데 초인적인 후각을 발휘해 새벽의 빵집을 찾아 갓 구워낸 바게트를 살 수 있었다. 막 구워낸 바게트가 그렇게 맛있는지는 난생처음 알게 되었다. 조그만 해변 도시 트레포르에서 여유 있게 식사하는 프랑스인들 앞을 지날 때는 그 달콤한 냄새를 견딜 수 없었다.

'그래, 설사 여행이 마지막이 되더라도 맘껏 먹고 끝내자. 이런

음식을 언제 다시 먹어보겠어!'

남은 경비를 털어 해지는 해변의 식당에서 노르망디 해산물 음식을 맛보았다. 배낭여행 중에서 가장 맛있는 음식이었다.

'최대한 천천히 맛보고 마지막 소스 한 방울도 핥아먹자.'

우린 와인도 한 병 시켜서 마시는 호사를 누렸다.

영국과 아일랜드 두 나라를 남겨두고 여행을 마칠 수는 없었다. 집에 전화를 걸어 송금을 요청했고 부모님은 돈을 보내주셨다. 프랑스는 가난한 배낭여행객의 마지막 남은 돈을 몽땅 털어 한 끼의 식사를 하게 만드는 문화 강국이었다.

여유롭게 석양을 바라보며 음식을 먹는 프랑스인들 앞에 한줌의 자존심이라도 지키기 위해, 가난한 여행객은 삶의 수준을 성장시키기도 했지만 내일이 없더라도 오늘 이순간을 즐기게 만드는 아름다운 노을과 음식, 미소와 문화를 가진 나라였다.

어쩌면 한국이 강대국이 되기 위한 조건 역시 바로 잘사는 것이 아니라 인생을 즐기며 하루하루 행복하게 사는 문화를 가지는 것이 아닐까.

"형, 나는 오늘 형이 지금까지 여행 중에서 제일 멋있네."

"시끄러, 일단 맛있게 먹어, 대신 스테이크는 스스로 잘라 먹어."

영국, 신사의 나라로 인정

런던에 도착하자마자 나는 문명사회로 돌아온 것 같았다. 안내판이나 간판 심지어 지나가는 사람들의 말이 모두 영어였다. 손짓발짓 하며 다닌 유럽에서 영어는 결국 영국의 언어였고 영화에 나오는 악센트도 모두 영국식 영어였다. 숙소를 찾아 헤매는 우리에게 런던 시민들은 친절하게 안내해주지 않았다. 분주한 도시인들 속에 우리는 이방인이 되어 있었다. 대영박물관을 방문한 동생은 또다시 '전 세계에서 도적질해온 장물 보관소'라며 'The British Museum'이면 그냥 '영국박물관'이라면서 세계를 지배하던 대영제국의 상징인 '대영박물관'에 대한 한국의 사대주의를 비판했다.

런던에는 또 다른 런던 시내가 있었는데 이곳이 바로 세계금융의 중심지였다. 산업혁명을 이끈 영국은 제조업 중심에서 금융, 유통, 콘텐츠, 문화 같은 서비스 산업으로 전환해 높은 부가가치로 세계적인 경쟁력을 높이고 있었다.

숙소에서 만난 한국인은 나중에 동생의 장애를 알고 실은 자신도 장애인이라며 콤플렉스를 극복한 동생을 높이 평가했다. 여행 초반에 불편한 손을 숨기며 시선을 피하던 동생은 여행 막바지에는 다친 손을 이상하게 쳐다보는 영국 아이들에게 호랑이랑 싸우다 다쳤다면서 농담도 하고 자유롭게 행동하고 있었다.

"형, 유럽에 와서 느낀 게 있어. 여기 사람들은 한국에서처럼 내 손과 장애를 이상하게 생각하지 않아. 그들은 나를 동양인으로 봐주지 장애인으로 생각하지 않아. 나도 나중에 장애인들의 복지를 위한 일을 하고 싶어."

잘생긴 외모의 남녀가 웃고 떠들고 맥주를 마시고 아름다운 강변에서 즐거운 시간을 보내고 있었다. 나보다 어린아이들이 나처럼 죽을 생각을 하며 우울해하던 입시생으로 살지도 않았을 것이고, 영어를 배우기 위해 강아지와 자동차와 말하지도 않았을 것이며, 돈을 벌려고 먹고 살려고 아등바등하면서 살지도 않았을 것이다. 여행 경비를 벌기 위해 공장에서 일하다가 프레스에 손이 잘리지도 않았을 것이고, 수년간 병원생활도 하지 않았을 것이다. 왜 저들은 저렇게 행복한 것인가?

일단 영어를 쓰는 사람들이다. 한국말을 전 세계 사람들이 쓴다면 한국인들은 얼마나 편할까? 내가 말하는 말을 받아서 적고 외우고 문법을 공부하며 나와 이야기하려고 발버둥칠 것이다. 또, 금융을 지배하는 사람들이다. 영국에는 또 다른 나라가 있다. 시티오브런던(City of London), 독자적인 자치권이 있는 치외법권 지역에는 영국정부 역시도 세무조사를 할 수도 없다. 이곳에서는 전 세계의 금, 은 같은 선물, 상품들의 가격이 책정되고 금리가 정해지고 금융을 좌지우지하는 사람들이 있다. 그리고 법이라는 시스템을 만들고, 각종 게임들을 만드는 판을 짜는 사람들이 있다. 또한 석유를 지배하는 사람들이 있다. 수백년간 가장 효율적인 계급을 만들어 식민 지배 국가가 유지되는 시스템을 만들었다. 그들이 있기에 영국인은 저렇게 행복하게 사는 것이다.

고맙다, 견뎌줘서 자랑스럽다

 60일이 넘는 여행을 통해 동생의 사고는 넓어졌고 국가를 이동하는 것과 친구를 사귀는 것, 세계적 문화유산과 대국에 대한 자신감이 커졌다. 더 이상 동생은 자기를 장애인으로 생각하지 않았고, 그를 불편한 시선으로 대하는 이들을 장애인으로 대하기 시작했다.
 브리스톨에서 저가항공을 타고 아일랜드로 향했다. 대학에 실패하고 낙심해 있을 때 빠져든, 내가 가장 좋아하는 작가인 제임스 조이스의 글이 살아 숨 쉬는 아일랜드에 도착했다. 녹색의 풍경과 벽돌의 도시, 트리니티 성당을 보자 심장이 뛰고 마냥 행복했다.

톰 크루즈가 주연한 〈파 앤드 어웨이〉의 배경인, 영국의 지배에 지독한 서러움을 겪었던 아일랜드에 도착하니 바빠졌다. 부지런히 아일랜드 기념품을 사고, 제임스 조이스 생가와 박물관을 들린 후 기네스 맥주공장과 더블린 템플 바에서 맥주를 마셨다. 2개월, 유럽 28개국 방문 여정의 마지막 국가에서 우리는 음악과 맥주에 취해 밤새도록 제임스 조이스의 율리시스와 더블리너가 되어 맘껏 여흥을 즐겼다.

목표를 마쳤다는 기쁨, 그리고 가장 좋아하는 작가의 고향에서 가장 좋아하는 맥주를 마시며 밤새도록 놀수 있다는 것이 얼마나 큰 행복인가? 나는 이제 일상으로 돌아가고 더 이상 학생도 아니며 30대의 삶을 시작해야 한다. 아쉬움과 행복감에 취해 밤새도록 마셨다.

펍에서 기네스 맥주를 즐기며 빠른 말투로 떠벌리기 좋아하는 아일랜드인들은 내 미국 남부 사투리와 인도식 영어에 배꼽을 잡고 웃으며 밤새도록 이야기했다. 수많은 이야깃거리를 남겼던 가장 뜨겁고 행복한 더블린을 뒤로하고 벨기에-프랑크푸르트-베트남을 거쳐 한국에 도착했다.

우리의 여정과 전진을 위해 발바닥이 갈라지는 건 본드로 견딜 수 있었다.

'지금 아니면 언제 이 길을 가보겠는가? 최대한 많이 걷고 보고

경험하자.'

여행을 하면서 동생과 많이 다퉜다. 사고의 충격과 불편한 생활, 마음의 상처를 갖고 떠난 여행에서 불편하고 고통스럽기도 했지만 동생은 함께 목표를 달성했고 그로 인해 성장할 수 있었다. 동생은 나중에 사회복지사로 일하는 보건부 공무원이 되었다.

비행기에서 나는 동생에게 쪽지를 건네주었다. 사고로 다친 손을 원망하며 죽고 싶다고 울부짖던 어린 동생이 나와 같이 힘든 여정을 마쳤다.

'난 네가 자랑스럽다. 고맙다. 견뎌줘서.'

여행에서 돌아온 나는 다시 현실 앞에 섰다. 소송에서 패소한 내 재산은 0원, 직업도 없고 미래도 불투명했다. 세계 여행 경험과 대학원 졸업 예정이 스펙의 전부였다. 결혼을 앞둔 나는 말 그래도 '경험은 부자, 현실은 거지'였다.

여행을 마치고 몇 달 뒤, 동생은 장애복지원에 취업했고, 사회복지사가 되어 장애인들을 상대하는 일을 했다. 세상에 대한 불만과 원망이 가득 찬 이들이 극단적인 행동과 말을 할 때, 동생은 자신의 상처받은 손을 보여주고 다친 손에 대해 궁금해하는 어린아이들에게 '사람들을 괴롭히는 사자와 싸우다가 다친 상처'라며 애교 섞인 장난을 하는 한 남자가 되었다.

이별여행이 될 뻔했던 뉴질랜드

신혼여행

대한민국의 2.7배 크기의 빙하와 피오르드의 섬 뉴질랜드. 북쪽의 오클랜드에 도착한 신혼여행 첫날, 게스트하우스의 더블침대 아래층에서 자고 있는 아내의 울음소리가 들렸다. 항공사 객실 승무원인 아내는 대학원생인 남편, 검소한 결혼식, 웨딩 촬영에다 반지는커녕 명품 선물교환이나 예물도 없었다. 나는 한강이 보이는 N타워에 올라 만 원짜리 상품권을 말아서 반지를 만들어주고 프러포즈를 했다.

항공사의 복지혜택인 무료항공권으로 온 뉴질랜드에서 렌터카를 빌리고 허름한 게스트하우스에 도착했다. 도미토리 룸에서 맞는 첫날밤은 슬프기 하염없었다.

'미안해, 아무것도 해주지 못해서. 하지만 앞으로는 나아질 거야. 좋은 집도 생길 거고 직장도 생길 거고 돈도 모아야지. 신혼여행을 온 지금은 우리끼리 즐겁게 지내자.'

나는 부모님께 결혼 비용에 대한 지원을 일절 받지 않기로 했다. 학생 신분의 남편과 직장 초년생의 20대 아내에게 결혼은 과정이지 목표가 아니었고, 결혼식은 남들을 위한 것이었다.

남을 의식하지 않은 배낭여행과 외국 생활을 통해 얻은 내 생각에는 둘만의 행복과 만족이 더 중요했고, 형식을 위해 소비되는 모든 것이 아깝게 느껴졌다.

계획한 신혼여행은, 여행 초반엔 힘들지만 후반부에는 편하고 아늑한 일정으로 준비하고 체험 비용 등은 아끼지 않기로 했다.

보여주기 위한 결혼식이나 신혼여행이 아닌, 그동안의 여행을 통해 얻고 배운 나만의 경험과 노하우의 공유를 통해 수십 년의 결혼생활에 대한 공감대와 힘든 시간을 이겨낼 동반자로서의 시간을 갖고 싶었다. 만약 이런 과정을 통해 서로를 이해하게 되고 같이 있는 모든 순간이 행복하다면 앞으로의 힘난한 과정을 이겨낼 수 있을 것이고, 같이 있는 순간이 불안과 다툼의 연속이라면 우리의 결혼생활도 그럴 것이라고 생각했다.

첫날 도착한 오클랜드는 정갈한 영국식 도시 분위기로 가난한 신혼부부를 가슴으로 안아주었다. 인구는 400만에 불과했지만, 양들은 4,000만 마리로 사람보다 양과 소가 많은 목축의 섬이다. 앵글로색슨계 백인이 70퍼센트, 마오리 원주민들이 15퍼센트를 차지하는 오세아니아의 섬나라로 호주와 더불어 남반구의 대표적 관광지다.

끝없는 초원에는 양과 소들이 유유히 풀을 뜯고 있었고, 수십 킬로미터를 운전해도 지나가는 차들이 없었다. 수만 마리의 양과 소들이 지켜보는 가운데 우리는 사진을 찍고 노래를 부르며 여정을 이어갔다.

다행히 뉴질랜드 최대 관광지인 로토루아에 방이 있었고, 트윈 베드이긴 하지만 신혼의 달콤한 날들을 보내기엔 충분했다. 유황이 뿜어져 나오는 로토루아의 야외 온천과 혓바닥을 길게 뽑아내고 눈알을 굴리며 위협하는 화려한 문신의 마오리족들의 거친 함성과 춤을 보면서 초기의 긴장을 풀고 뉴질랜드에 취해가고 있었다.

뉴질랜드에선 골프가 늘고 말수가 줄고 고독과 외로움을 이겨내며 살아야 한다며, 한국에 대해서는 뉴질랜드가 최대의 녹용 수출지라고 했다. 사슴뿔을 버리는 뉴질랜드인을 보면서, 한국계 교포는 저렴하게 뿔을 공급받을 수 있었고 고가의 녹용으로 만들어 한국에 수출해 거상이 될 수 있었다. 판매처와 공급처를 이해한다면 버려지는 물건도 어딘가에선 고가로 판매될 수도 있다. 신혼여행까지도 설레고 신나는 사업 아이템 발굴과 거래처 확보의 기회가 되었다.

뉴질랜드는 영국식 교육시스템을 고집해 영국 유학을 위한 안전한 교육 거점이란 생각과 어마어마한 청정 자연환경으로 관광과 레저의 중심이란 생각도 들었다.

영화 〈반지의 제왕〉의 촬영지로 아름다운 자연풍광은 세계의 관광객을 끌어들이고 있었다. 여행 가면 자주 부르는 '비바람이 치던 바다~' 노래도 이곳 뉴질랜드의 민요라고 했다. 수도인 웰링턴의 음식은 풍부하고 달콤했다.

결과 중시남과 과정 중시녀의 동행

사실 결혼 전날까지도 불확실했다. '하지 않고 후회하는 것보나 해보고 후회하자'는 결혼에 불안하긴 했지만 긴 신혼여행을 통해 결혼을 가늠하기로 했다.

소소한 다툼과 갈등이 커져서 북섬에서 남섬으로의 이동은 불투명해졌고, 이해와 배려보다는 생각의 차이와 사고의 다름으로 인해 둘은 헤어지기로 했다. 신혼여행 일정이 힘들고 거칠다 보니 서로 숨김없는 성격과 생각을 표출하게 되고 혼인신고를 하지 않은 우리에겐 더 편하고 나은 각자의 길이 낫겠다는 생각에 동의

했다.

일시적인 감정이 아닌 분명한 생각인지를 묻기 위해 '진짜 돌아가고 싶냐?'는 세 번의 질문을 반복했고 모두 그렇다고 하면 미련 없이 헤어지기로 했다.

두 번이나 한국으로 돌아간다는 대답이었지만 마지막 대답을 하지 않는 아내를 이끌고 다시 여행에 나섰다. 결정적 순간에 결단을 내리지 못한 건 힘들지만 여행을 무사히 마칠 거라는 기대와 동반자로서의 신뢰가 있었기 때문이다.

우리는 남섬으로 이동했다. 남섬의 화려한 풍광은 얼어버린 둘의 마음을 녹이기에 충분했다. 나와 너라는 객체에서 우리라는 공동체가 되어, 투명한 호수와 신비로운 자연의 안식처에 스며들고 있었다. 탄식이 절로 나오는 창밖의 평화로운 풍경은 이기적인 감정과 욕심을 내려놓게 했다. 우린 남들에게 보여주기 위한 사진을 찍지 않고 눈과 몸으로 체험하는 여행을 했다. 번지점프를 하고 춤을 추고 현지인들과 어울리기 시작했다.

"결혼생활보다 번지점프가 훨씬 쉬우니 뛰어라!"

가장 높은 번지점프대에서 망설이는 나에게 번지점프 가이드는 소리 질렀다. 발바닥에서 전기가 오고 있었지만 나는 퀸스타운의 호수 아래로 몸을 던졌다. 극심한 공포와 충격으로 엔돌핀이 쏟아지고 있었고 머리카락은 순식간에 빠지는 것 같았다. 심

1장
죽으러 간 여행에서 살길을 찾다

장이 몸 밖으로 나갔다가 합쳐지는 것 같았다.

호텔과 식당 예약 없이 우리가 가는 곳이 숙소였고 먹는 곳이 식당이었다.

가이드 책이 아닌 배고파서 멈춘 조그만 식당에서 멋진 식사를 만났고 화장실이 급해 멈춘 길에서 귀여운 동물들을 발견했다. 그렇게 우리는 소소한 여행의 과정을 즐기기 시작했다.

결과를 중시하고 과정을 무시하는 남자와 과정을 중시하고 결과를 무시하는 여자가 만나 서로 과정을 즐기기 시작하고 목표도 즐기기 시작하면서 우리의 인생관은 바뀌기 시작했고, 공통의 목표인 행복한 삶을 위해 모든 과정을 즐기기로 했다.

신혼이지만 중고 가전제품을 쓰고 불필요한 신혼집기 없이 쓰던 숟가락으로 시작해, 하나씩 모아가는 살림과 점점 넓어지는 집과 많아지는 가족 구성원을 지켜보며 성장하는 과정을 즐기기로 했다. 부모님께 신세지지 않으니 명절 등의 부담에서 자유롭고, 결혼자금 대출이 없으니 빠르게 모아갈 수 있을 것 같았다.

뉴질랜드 횡단을 마치고 아내는 더 이상 다른 승무원 남편들의 명품 선물을 부러워하지 않게 되었고, 가이드 없이 여행한 것처럼 부모의 결혼에 대한 관심도 단절시켰다. 힘든 여행을 서로 함께하고 과정을 즐기며 목표를 이룬 것처럼, 결혼생활의 힘든 과정을 이겨내며 더 나은 미래와 목표에 대한 동반자로서 확신을 갖게 되었다.

퀸즈타운의 깔끔한 숙소를 마지막으로 시드니에서 오페라하우스가 보이는 고급호텔에 머물며 시작은 미약하지만 나중은 창대한 삶의 목표를 세웠다. 소박하게 과정을 즐기는 여행에서 우리는 행복했다. 나는 더 이상 초라한 배낭여행자가 아니었다.

2장

비즈니스맨으로
세상을
누비다

나는
자네가
제일

부럽네

"안녕하십니까? 대한민국 공무원 안도현 전문위원입니다."

대학원을 졸업하고 경기도청 투자진흥과에서 해외투자유치 전문위원으로 일하게 되었다. 경기도 내의 외국인 투자유치(FDI)를 통해 일자리를 창출하고, 첨단기술을 국내로 유치해 싱가포르 같은 세계적인 도시를 만들기 위한 경제투자실의 투자진흥과에 배치되었다.

손에 땀을 쥐게 하는 긴장감과 부족한 지식으로 외국인 투자 상담에 나갈 자신이 없었다.

투자유치 전문가로 왔지만 투자 상담도 못 가니 아무도 나를 전문가로 인정하지 않았다. "안도현 씨, 여기 기안서 만들어서 시·군에 공문서 보내고 산업단지 인센티브 기안 짜서 도지사님께 보고해요."

수십 년을 일해온 분이 생전 처음 하는 한글 공문서 작성과 공공행정 용어를 이해 못하는 나를 보며 나의 나이와 사회 경험을 물어보았다. 어려 보이는 외모와 옷에 맞지 않는 양복 그리고 정보기술(IT), 생명공학기술(BT)에 대한 내 짧은 지식으로는 외국 기업과 정확한 상담을 하기에는 무리였다.

'내 부족한 실력이 탄로나면 어쩌지? 아는 것도 별로 없고 해외 투자자와 상담한 적도 없고, 베테랑 해외 투자자들을 설득할 자신도 없는데, 시군 담당자를 어떻게 설득하지?'

두려움 탓에 단독 미팅을 할 자신이 생기질 않아 동료 팀장에게 미팅에 동행시켜줄 것을 요청했다. 동료 팀장은 수많은 투자유치 실적을 내며 인정받는 전문가로서 초보에 가까운 나를 미팅에 데려가주었다.

"안도현 씨는 전문가예요. 대한민국을 대표하는 공무원이구요. 영어와 투자법규, 제도를 완벽하게 암기하고 협상과 협의를 리드할 줄 알아야 해요."

나는 그가 수년간 능숙하게 투자자들과 상담한 내용을 녹취해서 반복적으로 듣고 따라서 말했다. 마치 지니를 통해 영어를 공부할 때처럼, 그가 하는 말을 반복적으로 말하며 똑같은 행동과 표정을 따라하며 연극 대사처럼 외우기 시작했다.

'그래, 나도 이들처럼 잘할 수 있어. 오직 필요한 건 완벽한 연습으로 숙달이 되어야 해.'

비전문가와 전문가의 차이점은 사례, 법규와 규정을 암기하고 빠르게 대안을 제시할 수 있는가였다.

몇 달 뒤, 신규투자를 결정한 외국기업에 대한 투자협약식이 진행되었다. 도지사님과 외국기업인을 모시고 카메라와 방송장비가 분주하게 움직이며 양해각서(MOU) 협약식이 진행되었다. 행사가 끝나고 나는 평택에 위치한 일본 기업 알박(Ulback)의 CEO를 모시고 한국 문화와 수원의 문화유산에 대해 설명을 드리며 의전을 담당했다.

"중국의 만리장성의 규모가 더 웅장하다는데 베이징에 가본 적이 있어요?"

CEO는 수원 화성을 보며 나에게 물었다.

"아니요. 아직 가보지는 않았지만 40개국을 여행했고 미국과 인도에서 공부했어요."

그는 나에게 관심을 보이며 자신이 젊어서 꿈꾸던 것이 세계여행이었으나, 부모님의 가업을 일찍이 물려받아 평생 사업을 하다 보니 어느덧 노인이 되어 쉽게 여행을 다닐 수가 없다고 했다. 젊어서 세계를 여행한 내가 너무 부럽다며 사회적 성공과 부는 나이 들어서 이룰 수 있지만, 세계여행은 나이 들어서는 제한이 있다며 자신이 젊었을 때 더 많은 세계를 여행했다면 기업의 세계화, 일본의 세계화를 이루어 지금의 삼성과 LG가 이룬 세계적 성장을 추월했을 거라며 아쉬워했다.

"저는 안상 같은 사람이 정말 부럽습니다. 이젠 나이가 들어 세계를 여행하기 힘드네요."

그는 나를 매우 신기하게 바라보며 나중에 일본에 오게 되면 연락하라며 명함을 건넸다.

'그래 대기업 사장도 부러워하는 경험을 가진 나다. 이젠 뭐든지 할 수 있다.'

전시회 참가자 모두의 명함을 모으면 업계 전문가로 다가갈 수 있다.

나는 이후 경기도 투자환경에 대한 소개와 산업에 대한 심층 이해를 위해 일본으로 첫 번째 공무출장의 기회를 갖게 되었다.

개인 비용으로 여행을 다니다가 공무원으로 세금을 쓴다는 생각에 자료를 준비하고 일본어를 공부했다. 일본의 디스플레이 박람회는 도쿄의 빅쇼에서 개최되었다. 나는 명함 200장을 일어로 제작해서 기업인들의 명함을 모으기로 했다.

산업을 잘 모르지만, 전시회는 마치 루브르와 대영박물관처럼 산업과 기업을 이해하기 위한 최적의 장소였다. 세계여행처럼 나는 각 전시회장을 방문하며 사람들을 만나기 시작했다.

"스미마셍, 하지메 마시테."

대충 알고 있던 일본식 90도 인사와 공손한 소개말로 디스플레이 소재부터 패널, 최종 판매 회사까지 인사를 드리고 제작공정과 산업동향에 대한 설명을 들었다. 미팅 말미에 한국 투자에 관심 있는 기업들을 일본 기업들로부터 추천받았다. 전문용어가 담긴 자료들도 듬뿍 얻었다.

초보 전문가였지만 전시회에서 며칠 동안 얼굴을 보며 상담하니 적어도 업계와 산업에 대해 이해할 수 있었다.

바쁜 일정이 끝나고 도쿄 시내를 구경할 기회가 있었다. 도쿄는 생각보다 화려하고 분주했다. 비슷한 검정 양복과 흰색 와이셔츠를 입은 중년 남성들이 부지런히 이동하고 다양한 개성의 젊은이들이 거리를 가득 채우고 있었다. 신기할 정도로 깨끗한 거리와 일본인들의 모습은 드라마 세트장에서 사는 영화배우와 엑스트라처럼 정형화된 패턴이 있어 보였다.

슬롯머신, 게임, 만화, 야동산업, 스포츠, 가라오케 등 다양한 유흥문화가 발달되어 있었다. 억압된 사회구조에 대한 돌파구일 것이다. 서열과 엘리트 중심의 학벌사회에서 정신적 휴식이 필요해 보였다. 오락실, 노래방 등 한국의 유흥문화에도 끼치는 영향이 큰 것을 알 수 있었다.

한 시간 정도의 가까운 비행거리에도 불구하고 일본에 대해 무지했던 나는 2박 3일의 짧은 출장을 통해 일본이 우리와 정치, 경제, 사회문화 모든 면에서 매우 밀접한 연관이 있음을 느꼈다.

심리적으로 멀었던 일본이 가까워졌다. 한국의 중고등학생도 일본으로 수학여행을 가서 일본을 배우고 일본과의 비즈니스에서 우위를 차지하는 인력을 양성할 필요가 있다고 생각했다. 또한 일본의 인구구조와 산업구조의 변화는 한국의 바로미터가 되어 향후 한국의 정책수립에도 많은 시사점과 예측 시나리오를 줄 거란 생각이 들었다. 일본을 더 알고 싶은 충동이 생긴 출장이었다. 이후 도요토미 히데요시의 도수령을 통한 신분제도, 이토 히로부미(伊藤博文)가 서양 유학과 경험을 통해 바꾼 일본 사회와 일본 기업인들에 대해 알게 되었다.

출장 이후 한 해가 흘렀다. 나는 미래 산업을 위한 신규 전략을 검토했고, 제조업 중심에서 서비스산업에 대한 투자유치 조직의 변화와 한국의 문화콘텐츠 산업의 필요성을 지속적으로 강조했다. 이후 조직 개편을 통해 신규 팀인 서비스산업과에 배치되었고 게임, 콘텐츠 산업과 유니버설 스튜디오, 프리미엄 아웃렛, 프로로직스 등의 테마파크, 유통, 물류를 담당하게 되었다.

새로운 분야이지만 부동산 관련 법과 동향에 대한 이해가 있었기에 자신이 있었다. 더구나 테마파트, 게임, 유통, 물류 등 좋아하고 재미있는 분야가 아닌가?

세계여행과 거주경험을 통해 흥미가 많고 이해도가 높은 산업에 대한 신규 업무는 분명 가슴 뛰는 일의 연속이었다. 조직에 적응하기 위해 동료의 복장과 행동, 언어에 익숙해지면서 차츰 공무원이 되어갔다. 영어와 투자법령, 투자유치규정의 전문가로 인정받으며 동료들은 나를 안도현 전문위원님으로 부르기 시작했다. 이후부터 투자상담이 쉬워졌다.

결국 동료들의 인정을 받았을 때 비로소 해외 투자자들을 사로잡을 수 있었다.

언제 외국 친구의 도움 받을지 몰라

"미국 가보셨어요? 지금 동선을 짜야 하는데 도와주실 수 있겠어요?"

"그럼요, 제가 미국 본토 전부 다 횡단했어요. 시카고에서 일정을 시작하는 것보다 엘에이에서 시작하는 게 나을 것 같습니다. 여기서는 육로로 시카고에선 항공편으로 이동해야 해요. 공항 대기시간이 길거든요."

대규모 경기도 대표단의 출장에 수행원으로 참가하게 되었다. 나는 비행기 이동 대신 기차와 버스 이동을 제안했지만, 20명이 넘는 대표단을 이끌고 국경과 운전사를 바꿔가며 곳곳을 이동하는 건 쉽지 않았다. 결국 나는 육로 이동 동선을 담당하기로 했다. 도지사의 옆자리에 앉게 된 나는 독일인 운전사 그리고 프랑스 운전사에게 다음 행선지를 설명했다.

경기도 도의회, 언론인을 동반한 대규모 투자단의 미팅과 방문 동선을 짜느라 많은 시간이 소요됐다. 부서의 이해관계에 따라 행사 일정이 취소되거나 추가되기도 하고 행사 장소가 변경되기도 했다. 출장비용이 큰 탓에 실수는 용납이 안 됐다.

미국 지도에 이동 동선을 표시하고 각 일정에 따른 자료와 선물 등을 챙기고 현지 참석자의 좌석 배치와 행사용 플래카드 등을 준비해야 했다. 미국에 도착하자 자동차로 횡단했던 미국이 매우 익숙하고 어떤 도시로의 동선 이동에 대한 자신감이 있었다.

포에버21, 유니버설 스튜디오, 3M, 반기문 유엔총장, LA한인회, 뉴욕 총영사 바쁜 일정들을 소화하면서도 문제가 없었으나 결국 올랜도로 향하는 비행에서 문제가 터지고 말았다.

투자유치단 1기는 미국 애틀랜타 시를 경유해서 올랜도에 도착했으나, 2기가 애틀랜타에서 올랜도로 오는 항공권이 없어 발이 묶이고 말았다. 항공권 예약이 확정되지 않은 상태에서 여행사를 믿고 일정을 진행한 탓이다. 일정을 소화하지 못하면, 해외 투자자에게 망신과 불신을 심어주고, 도지사 일행의 체면이 서질 않는다. '큰일이다. 하지만 침착하게 이 상황을 해결할 방법을 찾아보자.' 상황판을 만들어 일정에 맞는 각종 항공편과 육송 운송 수단을 찾아보기 시작했다. 육로 이동은 시간이 많이 소요되고 다른 항공편 역시도 시간이 맞지 않는다. 오직 유일한 방법은 예약했던 델타 항공편에서 비상 항공편을 통해 이동하는 것뿐이었다.

나는 미국에서 연락 가능한 친구들과 지인들에게 연락을 시작했다. 상황을 설명하자 한 친구가 델타 항공에서 일하는 아내를 둔 또 다른 친구의 연락처를 알려주었다. 연락을 받자마자, 한국에서 급한 미팅으로 이동이 필요하다며 대기 중인 손님들에게 안내한 뒤, 이동 항공편을 확보해주었다. 결국 2기도 무사히 올랜도로 이동할 수 있었다. 차분하게 문제를 해결하는 모습을 보던 동료들은 나를 도지사 해외 수행원으로 지정했고 모든 해외 출장의 담당으로 전 세계를 다니게 되었다. 결국 현지화된 영어, 그리고 세계 배낭여행과 미국 횡단여행을 통해 나는 해외 투자유치 전문가로 성장할 수 있었다.

너무 잦은 비행은 몸을 망가뜨리기 시작했다. 로스앤젤레스, 플로리다, 칠레, 브라질, 프랑스, 두바이를 거치며 지구 한 바퀴를 돌았더니 귀국하자마자 위염에 감기몸살 등으로 병원에 입원했다. 수개월간 하루에 두세 시간을 자고 비행기를 17번 갈아탔다. 요청하는 모든 출장을 소화하고 무리한 준비를 하면서 몸을 혹사한 결과였다. 거듭된 출장으로 가족의 대소사나 장례식도 지키지 못했다.

싸게 팔 테니 말 한 마리 사는 게 좋아

개발사업과 테마파크, 유통업체 프로젝트를 담당하면서 투자자들을 면담했다. 사기업체를 피해 옥석을 가리는 실사와 재무타당성에 대한 검토가 필요했다. 또한 투자자의 투자 유치를 지원하는 것 역시 중요한 업무였다. 테마파크 컨소시엄의 주간사에서 중동의 투자자 면담을 진행한다고 해서 정부 입장을 대변하고자 두바이로 날아갔다. 첫 중동 출장이라서 중동의 코트라 담당과 내 멘토인 한미경영원의 장우주 회장을 만나 중동 사업과 투자자에 대한 조언을 들었다. 현대건설의 대표이사로서 중동 해외사업을 추진한 회장님의 이야기는 살아 있는 교과서 같았다.

아랍어로 '메뚜기'를 뜻하는 두바이는 아랍에미리트연합의 하나로 중계 지역이다. 중동의 뉴욕으로 불리는 금융 중심지이자 투자 유치와 개발프로젝트 담당자로서 꼭 가보고 싶은 곳이었다. 세상을 떠들썩하게 한 사막의 신화에 세계의 이목이 집중되고 있었다.

미팅은 팜 주메라 개발과 세계 최대의 인공 섬을 개발한 부동산 개발업체인 나킬(Nakheel) 사의 사장과 국영기업 회장과의 면담이었다. 미리 도착해 대표를 기다렸지만 한 시간이 지나서야 중동의 거물들이 호텔에 들어왔다. 머리에 터번을 두른 두바이인들이 백발의 영국계 재무담당과 변호사 그룹을 이끌고 요란하게 입장했다. 팔에는 금시계를 차고 있었으며 고압적인 외모에 두바이 경찰서장의 타이틀이 적힌 명함을 던지듯이 주었다.

"말을 사두는 게 좋을 거야."

일정을 정하고 발표 순서를 통해 상대 회사소개와 투자유치 제안을 하려는 계획은 뒤죽박죽이 되었다. 두바이의 왕족이라는 투자회사의 회장은 처음부터 경주마와 낙타 이야기로 시작했다. 자신이 말을 샀는데 경주에서 이기면서 몇 배가 올랐고, 그 투자수익이 부동산 개발보다 낫다며 우리에게 결국 경주마에 대한 투자를 권하면서 자신의 말을 싸게 팔겠다는 말로 결론 내렸다. 말을 산다고 하더라도 키울 곳이 없고 제시한 말 가격은 수억 원대였다.

며칠간의 투자유치를 위해 준비했지만, 말로 결론이 나는 것이 답답해 투자 제안서를 조심스럽게 꺼내며 다시 투자유치 발표를 시작했다.

그런데 팔에 찬 커다란 시계를 만지던 대표는 갑자기 투자제안

중간에 말을 끊더니 '전체 사업비가 얼마냐? 내가 모든 사업권을 갖고 싶으니 팔아라' 하고 제안했다. 2억 달러라고 답하자 두바이 회장은 20억 달러를 투자할 테니 사업권을 넘기라고 했다. 투자 유치를 받으려고 미팅을 했지만 결국 사업권을 넘기라는 소리에 우리의 미팅은 결론이 나고 말았다. 이어서 두바이 회장의 꿈같은 이야기가 계속되었다. 두바이 쇼핑몰 건설과 두바이월드, 선박회사와 해운사, 무역회사를 소유하면서 벌인 무용담이었다.

회의록에는 '낙타, 말, 말사업, 말경주' 같은 단어가 늘어나고 있었다.

두바이 사업 실현이 불확실할지도 모른다는 생각이 들었다. 사업 파트너에 대한 매너와 배려 없이 일방적인 자신감을 갖는 두바이의 막강한 부와 힘에 주눅이 들기도 했다. 사업의 위험과 기회는 두바이의 성장처럼 꿈의 실현이거나 신기루 같은 이상이 된다. 결국 두바이는 2008년 경제위기를 맞았고, 미팅했던 기업 또한 상당한 위기를 겪게 되었다. 이후에도 그 회장은 계속 말을 구입하라며 메일을 보내왔다.

평생학습이 박사학위를 이긴다

경기도청의 업무가 한창이던 중, 나는 경기도의 미래성장동력 사업을 발굴하기 위한 도지사 특별 업무 수행차 태스크포스팀(TF)으로 6개월간 경기개발연구원 소속이 되었다. 주로 도심재건 사업, 친환경에너지, 한중해저터널, GTX 사업 등 대규모 개발사업과 에너지 사업 연구였다. 수많은 업계의 박사들을 이끌며, 미래성장 동력 사업을 발굴해야 했다. 미국의 멘토에게서 받은 제안이 교육 콘텐츠 생산재단이었고 그를 위한 자료들을 모아오던 나는 교육 콘텐츠 생산재단에 대한 사업제안을 했다.

"내용은 괜찮은데, 안도현 연구원은 박사 전공이 뭔가요?"

앞으로는 교육 콘텐츠가 부를 창출하는 시대가 된다. CD 한 장이 마이크로소프트를 먹여 살리지 않는가 그 콘텐츠를 생산하는 전문가를 양성하는 재단을 경기도에 만들어야 한다고 생각했다.

나의 주장은 메아리처럼 권위 있는 박사들에 대한 '비전문가'의 도전으로 들렸고, 결국 산업전략은 대규모 건설공약으로 연결되는 개발프로젝트들로 채워지게 되었다.

'한국 사회에서는 역시 학위가 필요해!' 나는 교육학 박사과정에 입학해 교육학과 사회학, 평생교육을 들었다. 도지사 수행업무를 하는 것을 알고 지도교수님과 함께 대만으로 견학을 가게 되었다. 대만의 평생교육재단과 주요 대학의 온라인교육과 평생교육 현장을 방문하는 일주일의 여정이었다.

대만과 한국은 많은 공통점이 있었다. 중국과 일본의 지배를 받았고 공산당과 대적한 자유민주주의 체제를 유지하면서 미국과 우호관계를 지속하고 있었으니 일본과의 관계에서는 한국이 반일정서가 강한 반면, 대만은 우호적인 입장을 지닌 것 같았다. 많은 대만인들이 일본식 옷과 문화를 즐기고 있었고 지도자가 야스쿠니 신사를 참배하는 등 친일감정이 강해 보였다.

대만 국립고궁박물관에는 국민당이 중국 본토에서 가져온 중국의 송, 원, 명, 청의 고서와 진귀한 보물들을 소장하고 있었다. 진정한 중국의 문화유산을 이해하려면 대만을 방문해야만 할 것 같았다.

교육현장에서 대만의 평생교육 담당자들은 나에게 자신들의 교육이념을 강조했다.

"학위를 위한 교육의 시대는 지나갔다. 지속적으로 학습하지 않는다면 박사학위는 종잇장에 불과하다. 앞으로는 평생학습의 시대다. 누구든 지속적으로 학습하는 학습자들이 교육을 통해 인정받은 권위자들보다 더 많이 아는 시대가 온다. 가진 정보보다 활용하는 자들의 시대가 온다."

이후 나는 평생교육 박사과정을 수료하고 온라인 교육을 통해 지속적으로 학습을 시작했다.

유럽식 영어 발음이면 통한다

경기도에서 예산을 지원하는 킨텍스의 제2전시장 건립에 대해 다양한 의견들이 제기됐다. 기존의 국제 전시장에도 불구하고 추가 전시장 건립에 대한 선진국의 전시장 파악 등을 통해 사업 지원과 승인 여부를 결정하고자 공무출장이 계획되었다.

외국 투자기업 유치 담당인 내게 전시산업과 현지 안내와 통역은 제법 부담감이 있었지만 전시산업의 현황을 알고자 관계자들과 미팅을 준비했다. 유럽 국가니 영어 PT가 가능한 상황이어서 관련 자료와 선물 등을 준비하고 이탈리어, 프랑스어, 독일어 포켓 회화북도 챙겼다.

동생과 다니던 유럽여행이나 대규모 출장단이 아닌 실무출장단의 유럽은 다른 느낌이었다. 공무출장에는 2인 1실을 사용하는데 처음엔 킹사이즈 싱글 베드를 제공했다. 유럽 호텔에서 양복 입은 동양 남자들이 한 방을 쓰니 동성애자로 생각했나 보다. 독일 호텔은 좁고 화장실에 배수구가 없어 샤워를 마친 뒤 바닥을

닦아내야 했다.

스위스에서는 영어로 회의를 진행했는데, 악센트가 세고 전문용어가 많지만 대부분 의사 전달이 가능했다. 문제는 이탈리아에서 시작되었다. 영어가 아닌 이탈리아어 발표자료라니. 비슷한 영어식 단어들을 제외하고는 전혀 못 알아듣는 나는 고개만 끄덕이며 몇 시간을 버텼다. 이탈리아어를 모르니 아무런 말도 하지 못하고 결국 한국-이탈리아 통역이 말하는 것을 제외하고는 투자협상은커녕 짐을 나르며 이동 경로를 기획하는 출장가이드에 불과할 뿐이었다.

그러다 건설에 대한 전문용어를 모르는 현지 교포의 통역이 막히면서 답답한 미팅이 진행되었다. 아무리 설명을 해도 패션을 전공한 이탈리아 교포의 통역은 한계가 있었다. 나는 진행을 위해 유럽여행을 하면서 외운 유일한 이탈리아어인 "실례합니다. 영어 할 줄 압니까?"라는 표현을 말했다.

"미스쿠시, 꽐루노 까삐쉐 일 잉글리세." "까삐또(알았다)." 나는 영어를 시작했고 이탈리아 악센트를 섞어서 현지 발음처럼 굴리며 영어로 부동산 개발과 건축용어를 설명했다.

신기하게도 그들은 나의 영어를 알아들었고, 그들 역시 이탈리아 억양이 강한 영어로 협상을 시작했다. 마치 한국식 영어가 한국인끼리 통하듯이 협상이 진행되었고, 미안해하는 이탈리아 통역에게 나는 원래 영어 회의가 예정되어 있었다며 안심시켰다.

자신감을 얻은 나는 독일과 프랑스에서도 비슷하게 회의와 통역을 진행했다. 비즈니스 담당자들은 대부분 영어가 가능하지만 영국식 발음과 표현에 익숙하다. 동행한 출장자들은 각 나라별로 바뀌는 내 영어 억양과 제스처에 현지어를 하는 듯 신기하게 느꼈나 보다. 공항, 택시, 호텔, 식당에서 반복적으로 쓰는 말들은 현지인의 발음을 녹음해서 외우고 상황에 따라 의견을 전달하니 문제없이 의사소통이 됐다.

'그래 외국어는 이렇게 현지 문화를 담아 도전하면 되는 거야, 어렵지 않아!'

이후 나의 현지 발표와 상담에 탄력이 붙기 시작했다.

독일식 영어로 발표하는 내 모습을 보고 독일인들이 크게 웃으며 상담이 시작되었고, 프랑스 사람들은 나의 영어실력이 좋다며 칭찬을 시작했다.

스위스 제네바 팔렉스포 전시장에 도착해 마지막 일정을 마친 뒤 한국 식당에서 삼겹살과 소주를 포식했다. 종업원은 여기는 한국이 아니니 천천히 주문하고 드시라며 투정을 부렸다. 식사를 마치고 나니 엄청난 가격이 청구되었다. 알고 보니 전 세계에서 가장 소주 값이 비싼 곳이 스위스였다. 빅맥 지수처럼 '김치찌개 지수'가 가장 높은 곳도 역시 스위스인데 잔뜩 먹다보니 결국 사비를 털게 됐다. 이제 유럽에서 한식당 가는 건 최대한 자제하기로 했다.

출장 이후 경기도에서는 킨텍스 2단계 사업을 위한 의회 설득과 상위기관 협조를 통해 예산과 행정지원을 결정했다. 중국, 태국, 싱가포르에 견줄 10만 제곱미터 이상의 전시장을 한국에도 갖게 되어 국제 MICE산업의 경쟁력을 확보하게 되었다.

이케아 한국 유치는 우연한 기회에

서비스산업 유치 담당으로 해외 유망기업들을 발굴하고 유치하는 업무를 진행해오면서 관광객 확보와 유통산업 선진화를 통한 서비스 일자리 창출을 위해 신규 유통업체의 한국 진출이 검토되었다. 아칸소에서 공부할 때 매주 가던 월마트가 알고 보니 미국 최대 할인매장의 1호점이었던 것을 알았다. 미국의 선진유통시장을 경험하고 쇼핑몰과 몰링(Malling) 문화 체험을 바탕으로 한국에서도 아웃렛, 쇼핑몰, 할인마트, 전문 카테고리 킬러 등이 확산되리라 예상했다.

미국은 신세계에서 추진하는 신세계 첼시 프리미엄 아웃렛과 타브먼, 트리플파이브, 제나두, 레드, 포에버21 등의 대형 디벨로

퍼와 테넌트 등을 만나 한국 진출을 타진하고 한국에 이렇게 통보했다. 중국에 비해 규모가 작고 한국 유통업체들의 높은 진입 장벽으로 쉽게 진출이 어렵다고 물러섰다. 한국은 월마트나 까르푸, B&Q 등의 세계적 기업들이 진출해서 고배를 마시고 철수한 나라로 홈플러스 같은 합작회사가 아니면 진출이 힘들다고 판단한 것이다.

나는 유럽기업으로 눈을 돌려 스웨덴 이케아와 프랑스 기업 데카트롱, 르호이 멜랑 등에 접촉을 시도했다.

동생과 유럽 배낭여행 중에 스웨덴의 실자 페리에서 이케아 직원을 만나게 되었고 이후 투자유치를 위해 본사를 방문하며 지속적으로 부지 안내 등 투자유치를 시작했다.

결국 한국 시장조사를 위해 한국계 직원이 파견되었고, 나중엔 지사장, 개발담당이 채용되면서 규모가 커지게 되었다. 나는 31개 시군에 공문을 보내 이케아에 맞는 부지 선택을 요청했고, 그중에 광명시에서 후보지를 보내서 나는 그 부지를 이케아에 전송했다.

마땅한 부지를 찾지 못해 고전하던 이케아는 결국 광명에 부지를 매입하고 첫 번째 매장을 오픈하게 되었다.

프랑스 의류업체를 면담할 때는 사장의 딸이 한류에 관심이 많아 발표 초기에 한국 걸그룹의 방송을 보여주며 한국의 패션 현황과 시장을 설명했다. 프랑스 스포츠업체에는 한국의 등산 열풍과 아웃도어 판매 열풍에 대한 동영상과 기사로 화두를 던졌다. 릴 지역의 매장과 연구시설을 찾아 대표와 관계자에게 한국 시장과 사업에 대한 발표를 마치고 점심을 같이 하는데 회의실 바로 옆자리 테이블에 프랑스 요리가 차려져 있던 게 인상적이었다.

프랑스식 영어에 서로 웃으며 식사하다가 트레포 기차역에서 새벽에 바게트 빵 냄새를 따라가 빵을 사온 이야기를 하면서 프랑스 음식을 칭찬했다. 테이블에 있던 한 프랑스인이 자신의 고향이라며 반가워하며 대화를 계속했다. 그는 유통 재벌인 데카트롱(Decathlon)의 후계자였는데 나중에 그룹의 CEO를 소개해주었다. 이후로도 비공식적으로 한국을 방문하면서 지속적인 연락을 취해왔다. 결국 그 회사가 나의 미래의 회사가 될 줄은 그때는 아무도 몰랐다.

역시 세상은 넓고도 좁다. 여행 중에 만난 사람 그리고 소소한 추억이 미래를 바꿀 수도 있다는 것을 경험하게 되었다. '사소한 만남도 소중히 하라.'

터미네이터를 미국인으로 안은 개방정신

청와대 의전 담당관으로부터 해외 의전에 대한 교육을 마치고 자료를 준비해 본격적으로 해외 의전에 투입되었다. 프로젝트로 만난 한국계 미국인이 캘리포니아 주에서 근무했다는 걸 알게 되어 농담처럼 주지사인 "아놀드 슈워제네거를 만나게 해줄 수 있느냐?"는 말에 그는 "가능하다"고 말했다. 이후 도지사의 보좌관과 함께 캘리포니아 주지사 면담을 추진했다.

7주 일정 미국 출장을 위해 한 달 전부터 담당자와 협의해서 최종 일정을 짰는데, 바로 전날 아놀드 슈워제네거 주지사가 갑자기 일정을 변경하는 바람에 만남이 틀어졌다. 캘리포니아 주 정부는 재정 비상사태를 선포하고 무급휴가를 주는 등 위기를 맞고 있었다. 캘리포니아의 재정 적자는 향후 한국의 지자체에 대해서도 강한 경고인 셈이었다.

슈워제네거 주지사의 로스앤젤레스 개인 사무실에는 전신 크기의 모형 터미네이터 피규어와 영화 사진들이 있었고 입구에는 터미네이터 그림이 있었다. 오스트리아 출신의 이민자가 주지사가 될 수 있는 개방적인 이민정책과 사회구조가 부러웠다. 아메리칸 드림이 우수인력을 흡수하는 '브레인 드레인(두뇌 유출)'으로 연결된다. 나는 조지아에 거주하는 국비유학 박사들과 한국의 수재들이 미국에서 공부한 후 귀국하지 않는다는 걸 알고 있다. 환경이 열등하기 때문일 것이다.

중국처럼 우리도 역시 해외 우수인력들을 다시 한국으로 유치할 수 있는 환경을 만들어 그들이 한국의 성장을 위해 일하게 해야 한다.

결국, 잘해줘야 똑똑한 사람들이 해외로 나가지 않고 오히려 해외에서 한국으로 들어온다. 그들이 한국에서 살도록 개방적이고 자유로운 사회 분위기를 조성해줘야 한다. 어쩌면 그 자유 때문에 바로 미국에 수많은 인재들이 몰리는 것이 아닌가?

한국을 떠난 삼성의 공장은 멕시코에서 인정받고 있었다.

멕시코의 국경지역으로 미국 샌디에이고에서 멀지 않은 곳에 한국 기업들이 있어 방문을 강행하기로 했다.

미국 국경을 통과하자마자 사이렌을 울리는 오토바이와 경호용 의전차량으로 삼성전자 티후아나에 안전하게 도착할 수 있었다. 멕시코에서 삼성전자의 인지도는 매우 높았고, 국경에서도 삼성 관계자들의 통행은 순조로웠다.

공장 내에 영유아 위탁시설이 있어 근로자들이 수시로 모유 수유를 하고, 유아들은 교육과 급식을 받고 있었다. 멕시코의 여성 근로자들은 출산연령이 낮고 미혼모들이 많아 육아 문제가 가장 큰 고민인데 삼성 현지 공장에서 그 고민을 해결해준 것이다.

기업 이미지 제고와 현지의 브랜드 마케팅을 포함해 근로자들의 자부심이 높은 것을 보면서 외국기업의 투자유치가 경제적 투자 외에도 근로자의 삶을 변화시키는 데 기여해야 한다는 생각을 하게 되었다. 아쉽게도 삼성의 해외 투자비율이 점점 높아져 미래에는 한국에 남는 기업이 많지 않을 거라는 불안감이 들었다.

한국의 기업들이 한국을 떠나 해외로 나가는데 어떤 외국기업이 한국에 들어올 것인가?

잦은 출장을 마치고, 나는 새로운 도전을 시작하기로 했다.

공무원을 떠나 민간기업에서 일하기로 결심하고 사직서를 냈다. 나는 다시 실업자가 된 것이다.

영어 프레젠테이션의 달인

"우리 시를 대표해서 투자발표(IR)를 부탁드립니다."

공무원 퇴직을 결심하고 인수인계를 하는 도중, 한 자치단체의 투자유치 자문관 타이틀을 달고 코트라와 시의 예산지원을 받아 출장을 갔다. 매번 전문가를 모셨던 출장에서 전문가 대우를 받으며 가니 투자유치 발표 준비만 하면 되니까 한결 마음이 가벼웠다. 코트라 주관의 경남, 강원도, 안산시가 참가하는 마리나 투자설명회가 싱가포르와 호주 골드코스트에서 열릴 예정이었고, 상당한 전문성과 심도 있는 투자 상담을 요하는 자리였다.

싱가포르에 먼저 도착한 나는 쌍용건설에서 진행 중인 마리나 베이를 보며 2005년 싱가포르에서 했던 인턴 생활을 떠올렸다. 짧은 시간에 상전벽해로 변해버린 싱가포르의 야경과 넓어진 영토에 놀라며 리콴유(李光耀)와 그의 리더십에 대해 다시 보게 되었다. 리콴유가 쓴 〈From third World to First〉를 읽으며 투자유치 전문가를 꿈꾸던 대학원생 시절부터 투자유치 자문관이 되기까지 그의 업적을 추적한 터라 싱가포르의 성장은 실로 감동적이었다.

강력한 리더십에는 때로 국민의 희생과 양보가 필요하다. 독재라는 부정적 이미지가 평생을 따라다니지만 그가 총리로서 이끈 26년간의 시간을 통해, 결과적으로 1965년 말레이연방에서 분리된 약소국 싱가포르가 아시아의 강소국이 된 건 분명한 사실이다. 그의 냉철한 현실감각과 능수능란한 정치력, 관료와 화교 기반의 강한 내부 결속이 뒷받침되었기에 가능했다.

싱가포르에는 자유로운 독립 언론도, 노조도 없다. 또한 50년간 4만 명의 자국민이 사형된 나라로 범죄에 대한 처벌과 통제는 엄격하다. 경제 성장에 비해 길에다 침이나 껌을 뱉으면 높은 벌금을 내고, 지하철에 낙서를 하면 태형을 당하는 등 국민들의 자유는 제한적이다. 설사 자유가 일부 통제되더라도 한국의 주요 빌딩과 기관에 투자하는 국가의 국민이라면 분명 자본에 지배당하는 민족보다 우월한 위치를 차지할 것이다.

인턴을 하다가 알게 된 코트라 현지 직원들을 투자설명회에서 다시 만나게 됐다. 싱가포르 3대 가문 중 하나인 '테이' 가문의 대표를 만나 그들이 투자한 싱가포르 마리나 클럽을 방문하고 한국 투자에 대해 설명했다.

싱가포르 센토샤에 위치한 'one 15' 마리나 클럽의 회원이 소유한 콘도가 100억 원이 넘는 것도 있고, 영화배우 성룡을 포함한 유명 인사들이 마리나 파티를 즐기며 항해를 한다고 했다. 회원들은 중동에서부터 유럽까지 수십 억대의 요트를 타고 따뜻한 싱가포르에 정박해 휴식을 즐기고 떠나는 초호화 생활을 하고 있었다. 전 세계 부자들이 이곳에서 쓰는 돈이 상상을 초월했다. 모두 고스란히 싱가포르의 부가 되고 있었다.

잘사는 사회주의국가인 싱가포르에서는 철저한 투자유인책을 쓴다. 부자들과 세계인을 유인하는 금융허브, 레저, 관광, 쇼핑, 교육의 천국을 만들고 카지노 산업을 개방하는 시도까지 하게 되었다.

싱가포르에서도 내 현지화 억양의 PT는 관심을 끌었다. 리콴유, 고척동, 아터 테이 등 주요 가문에 대한 네트워크 또한 초반 투자 상담에서 기선을 제압하는 강력한 무기가 되었다.

현지 언어를 흉내 내며 인사를 하고 현지의 특징적인 문화를 언급한다. 실은 내가 싱가포르에 어느 빌딩에서 근무했고, 어디에 살았다고 말을 하는 순간, 내 PT에 대한 집중력은 높아지고 그들의 편견이 사라지면서 결국 이해가 빨라지게 된다. 결국 나의 PT는 내 경험이 녹아 있기에 경쟁력이 있었던 것이다.

호주 골드코스트의 백사장과 파도 위를 넘나드는 호주의 서퍼들은 그야말로 대자연에 도전하는 강인한 오지(Assie)의 대명사였다. 액티버티의 천국 호주의 투자 붐은 과거 일본으로부터 시작됐다. 이후 일본인들이 소유한 건물을 한국인들이 매입하기 시작했고 나중엔 중국인들이 사들이기 시작했다. 2008년 금융위기 이후로 투자 붐이 주춤한 이후에 중국인들이 엄청난 속도로 호주의 건물과 토지를 매입하고 있다는 말을 들었다. 골드코스트도 결국 얼굴을 가린 중국인 집주인에게 임대료를 내는 호주 청년들로 가득 찰 날이 머지않은 것이다.

중국인에게 호주는 중국인 조상의 희생으로 설립된 조상들의 땅으로 인식되었고, 그들의 차이나타운은 동남아에서 호주로 뻗어나가고 있었다.

"지금 중국인이 골드코스트를 싹쓸이하고 있어요."

호주인들이 노후를 즐기는 꿈의 지역인, 호주 생추어리 코브(Sanctuary Cove)에는 집집마다 요트가 있고 초호화 콘도가 많았다. 어떤 집은 원자폭탄에도 견딜 수 있는 특수 타이탄 시설과 첨단 보안 시설, 비상 방호시스템이 있어 100억 대가 넘는다고 했다.

투자설명회에 참가한 기업인들의 복장은 지중해의 부자들처럼 가볍고 편한 복장이었으며 사무실 역시 바다가 보이는 전망 좋은 곳에 있어 근무환경 역시 부러웠다. 에이전트와 엔지니어, 설계사들이 참가해 한국에 투자할 만한 실제 투자자는 많지 않아 보였다.

나는 이번에도 'G-day, mate'로 시작한 호주 억양의 영어 발표를 시작했고, 신혼여행으로 와본 호주에서 느낀 경험을 이야기하며 청중들의 관심과 웃음을 끌어냈다.

호주에 오기 전에 싱가포르에서 발표할 때의 싱글리시를 말하니 청중은 온통 폭소를 터트리며 흥미있게 내 PT를 지켜보았.

시드니로 넘어가 심도 있는 협의를 진행했다. 대형 컨벤션 센터에서 열린 마지막 투자발표에서 한 발표자가 긴장한 나머지 계속 실수를 연발했다.

말하기와 발표가 익숙하지 않은, 정답 위주의 한국식 교육과 경직된 공직사회에서는 자기 생각을 자신 있게 말하는 시간이 적을 수밖에 없었다.

아마도 아이들에게 발표를 한다면 나는 아이처럼 말하면서 발표를 할 것이다. 청중들이 듣기 편한 말과 발표 자료를 만들고 상대기업들이 쓰는 포맷을 활용해 그들이 쓰는 비즈니스 언어를 쓰며 반복적으로 실전에서 연습하는 것이 프레젠테이션의 달인이 되는 비결일 것이다.

해외에서
사업기회를

발굴하자

나는 무역업을 위해 태어났다

새로운 직장을 찾아 여기저기 이력서를 내고 기다리는 동안, 한 지인이 사업 지원과 통역을 제안했다.

그의 사업은 피지에서 자원 개발 및 생수 사업권 확보를 위한 것이었다. 가보지 않은 나라에 대한 호기심에 내 시간을 투자하기로 했다. 남태평양의 작은 나라 피지는 인구가 88만 명 정도다. 북섬과 남섬으로 이루어진 피지는 경상남북도 크기다. 영화 〈캐스트 어웨이〉를 비롯한 많은 무인도 영화들이 피지에서 촬영됐다. 해양스포츠와 리조트, 에메랄드빛 푸른 바다와 넓은 하늘을 가득 물들이는 석양을 기대하며 피지로 날아갔다.

피지 투자청과 면담하고 자원 개발을 위해 상공부 장관과 미팅을 했다. 나이 든 전통의상을 입은 노인이 장관이라고 하면서 들어와 온화한 미소로 피지 정부의 투자기회를 설명했고 광물청과 농림부에 대한 추가 미팅을 주선했다. 그는 2006년 피지 쿠데타의 핵심 인물이라고 했다. 이 쿠데타로 주변국인 오스트레일리아, 뉴질랜드와의 관계가 악화됐다. 그 틈새를 미국이 스며들었고 중국과 인도가 공격적으로 피지의 문을 두드리고 있었다.

광물청에서 금과 알루미늄이 생산되는 해상 광구의 지도를 펼쳐놓고 협의를 했는데 이미 수많은 중국 개발업체들이 탐사권을 확보하고 있었다. 중국은 막대한 자금으로 서방국가에서 주춤하는 사이 이미 개발영토를 새로 그려놓았다. 아프리카에 대한 중국의 투자 추이를 보면 경제 개발이 더딘 피지 입장에서는 중국과의 관계가 급속화될 것이고, 결국 피지는 중국의 해외 영토가 될 것이 분명했다.

이민청은 한 해 4만 명의 중국인들이 피지로 오고 있다고 했다. 인력 송출을 통해 상권을 장악하는 중국의 치밀한 전략에 비해 한국의 늦장외교와 전략이 안타까웠다. 결국 소규모 투자가 수반되는 피지의 천연자원인 물과 노니 등의 농수산물 수입을 위해 농수산부 장관 미팅을 추진하고 투자의향서를 전달했다.

오바마 대통령이 마신다는 '피지 워터'는 이미 코카콜라에서 상표권과 현지 공장을 운영하고 있어 두 번째로 큰 업체를 중심으로 생수 사업권 협상을 시작했다.

피지에서 성공한 인도인 이민자들은 동남아 화교들처럼 피지의 경제권과 정치력을 쥐고 있었다. 이는 끈끈한 사업 중심의 사고와 종교에 대한 신앙 그리고 친인척으로 연결된 카르텔 문화가 있었기 때문에 가능한 것이었다.

1차 방문을 마치고 생수사업권 최종 협상과 북섬 방문을 진행하기 위해 2차 출장에 나섰다. 2차 방문에는 리조트 체류를 계획하고 휴양지에서 숙박하기로 했다. 피지 남섬에서 프로펠러가 달린 경비행기로 북섬에 도착한 뒤 현지 사업가인 로빈슨 부부를 만나 그들이 운영하는 노니 생산공장과 노니 꿀 생산지를 방문했다. 로빈슨 부부는 물과 치즈, 꿀과 과일 등을 모두 자급자족했다. 과일의 향과 물맛은 상상을 초월하게 신선했다. 남태평양 부족들이 만병통치약처럼 먹는 노니 역시 생각보다 부드러웠다.

투자청에 근무하는 직원의 초대를 받아 식사를 대접받았다. 고구마처럼 생긴 카사바와 달로 그리고 막걸리처럼 생긴 향긋한 전통 술을 마시다 보니 기분이 몽롱해졌다.

'여기가 어딘가? 나는 왜 여기 있지?'

술에 취해 빠르게 정신을 잃었고 또 빠르게 정신을 회복했다. 깊은 잠을 잔 것 같았다.

원주민들의 경우 축제를 자주 즐기다보니 결근이 일쑤고 직장은 단지 축제를 위한 보조수단이라 생각한다. 그러니 실직률도 매우 높다. 그런 이유로 기업에서 원주민 선호도가 낮다는 인도인 사업가의 이야기를 이해할 수 있었다. 땅 위로는 바나나가 자라고 땅 아래로는 카사바와 달로가 자라고, 슬리퍼 하나와 티셔츠 그리고 태양을 가리는 그늘만 있으면 세상만사 걱정이 없으니 피지인의 낙천성은 결국 자연환경에서 나온 것이었다.

피지 현지 생수업체와는 중국을 제외한 아시아 총 판매권을 체결했고, 노니 업체와는 노니와 노니 꿀에 대한 판매권을 확보했다. 지인이 기뻐하는 모습을 보면서 사업기회를 발굴하고 통역하고 최종 서명까지의 모든 과정을 진행하는 내 관심사와 역량을 파악했다. 내가 진짜 선호하는 일을 깨달았다.

'그래, 무역이 적성이다. 앞으로 무역업을 주업으로 하자.'

칭다오 맥주가 한국에 밀려온다

계속 불안감이 밀려왔다. 낮 시간에 사업하는 친구를 만나려고 통화하는데 소속이 없다는 게 어색하고 멋쩍었다. 바쁘다는 사람을 만나는 것 자체가 쉬운 일이 아니었고, 실업과 구직이 현실로 느껴졌다. 직장을 그만두기 전에 몇 군데 면접을 봐두어서 결과를 기다리고 있었지만 시간은 한없이 느리고 초조함은 계속되었다.

외국인 동료들과 함께 조선족이 운영하는 칭다오 맥주와 양꼬치를 먹다가 칭다오에 가고 싶어졌다. 나는 술자리에서 바로 다짐을 했다.

'그래, 중국어와 맥주에 취해보자. 칭다오로 가보자.'

칭다오 맥주는 한국 맥주보다 훨씬 맛이 좋고 뭔가 다른 마케팅과 역사가 있는 것처럼 느껴졌다. 겨우 한 시간 반밖에 떨어지지 않은 곳이었다. 중국어 전공도 했지만 한마디도 못하는 나를 테스트해보고 싶었고, 시간 여유도 있어서 곧장 중국으로 향했다.

중국 비자를 만들고 칭다오 공항에 도착했다. 여행용 회화책과 조그만 가방이 전부였다. 내 중국어 수준은 식당에서 주문조차 못하는 정도였다.

온통 뿌연 베이징보다는 나았지만 칭다오에도 뿌연 연기가 가득했다. 잠깐 인천공항을 떠나 바다를 보고 있으니 도시가 나오고 칭다오에 도착했다. 이토록 중국이 가까운 거리에 있는지 새삼 실감하게 되었다. 과거 중국 배낭여행에서 고생을 한 터라 택시를 타고 바로 칭다오 맥주공장으로 향했다.

가이드는 중국어 억양이 강한 영어로 암기한 듯 기계처럼 설명해주었다. 덕분에 맥주의 생성과정과 첨가물, 재료의 비율과 아울러 맥주공장의 역사를 알 수 있었다.

1897년 독일의 지배를 받아 독일인에 의해서 맥주공장이 설립됐고, 이후 일본에 의해 29년 동안 운영되었다고 한다. 중국에 있지만, 독일의 기술, 일본의 관리와 운영 기술이 합쳐진 작품이었다. 칭다오의 물, 캐나다와 호주의 맥아, 중국 신강과 체코의 홉이 배합돼 내수 시장을 통해 급속도로 성장하게 되었다.

2005년의 불안한 눈빛의 중국인들과 2010년의 칭다오인들의 모습은 상당히 다른 느낌이었다. 고급 승용차과 화려한 초고층빌딩이 서울 중심가보다 많아 보였다. 외국인에게 돈을 갈취하던 택시 운전기사들은 도도하게 잔돈을 내주고 있었고, 명품 옷과 가방을 든 중국인들이 쇼핑을 하고 있었다. 길에서 만난 조선족 중국인은 칭다오에서 한국인들이 사업을 많이 했지만 70% 이상이 실패하고 야반도주를 했다고 한다. 중국이 모든 제조기업을 흡수하고 있다고 했다. 중국 변화의 가능성이 실제로 일어나고 있었다. 어쩌면 중국인들의 지시를 받으면서 일하게 될 날이 얼마 남지 않았다는 불안감이 들었다.

과거에 느낀 중국에 대한 편견과 오만이 무너지며 내 무지와 안목을 반성했다. 나는 겨우 몇 개국을 다니며 본 것으로 내 시야를 고정시킨 것처럼 불과 두 시간 거리에 있는 중국의 변화를 체감하지 못했던 것이다. 공무원으로 바쁘게 생활했지만, 빠르게 변하는 세상에서는 뒤처진 느낌이 들었다. 양복 입고 다니며 투자 상담을 하고 나면 자부심이 가득했지만, 중국 공무원들의 치열하고 공격적인 기업유치에 비하면 미약한 자만심이었다. 산업 다변화와 기술 이전 등으로 중국은 아시아의 리더로 도약하기 위해 기술과 노하우를 빠르게 흡수하고 있었다. 다국적 노하우의 칭다오 맥주가 한국의 맥주시장을 빠르게 파고드는 것처럼 머지 않아 중국 상품이 삼성과 LG의 틈새를 파고들 것이 분명했다. 한국은 경쟁력 있는 맥주를 만들지 않으면 조만간 온통 중국 맥주를 마시며 통닭을 먹고 있을 것이다.

해외사업에서 망하는 법

한국으로 돌아와 가족과 함께 캄보디아로 여행을 떠났다. 프놈펜을 5년 만에 재방문해 당시 툭툭을 몰았던 운전기사 비스나와 재회했다. 그는 프랑스 회사 임원의 운전기사로 일하고 있었고, 헤어지면서 적어준 내 추천서로 한국인의 운전사로 일하게 되었다고 했다. 하지만 월급은 300달러가 안 되어 외국인 관광객을 상대로 택시를 하면 돈을 더 벌 수 있다고 했다. 나는 성실한 그에게 또 한 번 변화의 기회를 주고 싶었다.

외국인을 운송하는 택시들은 한국의 이스타나 중고차를 개조해 만든 벤츠 승합차로, 하루에 30불 정도를 받으며 공항에서 앙코르와트까지 왕복했다.

공무원 연금을 포기하며 받은 퇴직금으로 나는 그와 사업을 하기로 하고, 한국에 산업노동자로 와서 일했던 캄보디아 친구에게 연락해 회사를 만들었다. 실패하거나 돈을 잃더라도 후회하지 않을 최소 범위에서, 해외사업의 기회를 직접 만들기로 했다. 시간이 지나면 다시 내 자산이 될 테니까.

'그래 도전해보자. 해외에서 사업도 해보는 사장님으로!'

48%의 지분을 내가 갖고 49%를 캄보디아 운전기사에게 지분을 주고, 캄보디아 회계사인 친구에게 3%를 주어 경영권은 내가 소유하지만 현지인 지분이 많은 법인으로 합작회사(JV) 설립 계약서를 작성했다. 각자의 이름을 딴 '도비스(Dovis)'라는 여행사를 설립하고 회사 로고와 차량을 준비했다. 프놈펜의 땅을 소유한 비스나의 토지를 합작회사의 자산으로 올리기로 했다.

토지를 공동으로 소유하게 되는 모델로 위험을 줄이기로 하고, 회계사는 자금관리, 법인 등기와 운영을 맡았다.

현지에서 1,200만 원 정도에 거래되는 이스타나 중고차를 한국 중고매매상가에서 직접 구매해 캄보디아로 보내는데 물류비용

을 포함하니 현지 구매비용과 큰 차이가 없었다. 중고차는 한 달 뒤 캄보디아에 도착해 도색과 수리작업을 거치며 명품 자동차로 변신해 여행사의 차량이 되었다. 캄보디아 친구들은 나에게 신보다 더 큰 축복을 주었다며 감사를 표시했지만, 난 사업의 파트너일 뿐이니 수익에 대한 배당을 요구했고 여행 사업을 위해 열심히 일할 것을 요청했다.

한국의 사장급들이 캄보디아 투자를 위해 연락을 해왔다. 일정을 준비하려는데 비스나와 연락이 되지 않아 불안한 마음으로 며칠을 보냈다. 겨우 연락이 닿았지만, 그는 택시 사업보다 농사일이 더 중요해서 차를 세우고 집안일을 했다고 했다. 투자한 사람의 마음을 이해하지 못하는 그와 파트너십을 계속하기는 무리였다. 자신에게는 돈보다 가족이 더 소중하고 농사는 때가 있다고 하면서 자신은 큰돈을 모을 수 없다고 했다. 결국 차를 팔아 그 땅에 주거용 건물을 올리고 마을 사람에게 임대를 해주기로 했다. 거리가 멀다보니 현지에서 진행되는 상황을 잘 알 수가 없었다. 나는 그에게 내 불만과 사정을 이야기하고 투자한 금액을 회수해달라고 요청했다. 결국 사업을 청산하기로 했다.

일전에 싱가포르에서 눈 마사지기를 수입했으나 싱가포르에서는 미용마사지기로 분류되지만 한국에서는 미용의료기기로 분류돼 식약청의 확실한 사업허가 없이는 수입할 수 없는 것을 알고 관세 창고 세관에 물건을 보관하다가 싱가포르로 물건을 전액 회수하면서 실패한 눈 마사지기 사업 이후에 두 번째 해외사업 실패를 경험했다.

결국 현지 시장에 대한 정확한 조사, 파트너에 대한 역량, 해외사업을 위한 대담한 인내 없이는 망하기 십상이다.

사업비를 돌려받은 나는 비스나와는 사업파트너의 관계를 접고 좋은 친구가 되기로 했다. 그에게 새로운 사업기회를 주어 운명을 바꿔보고자 했던 내 도전은 좋은 성과를 내지 못했지만, 실제로 회사를 설립하고 철수하기까지 매우 소중한 경험을 한 셈이다. 수출, 선적, 대금 결제, 법인 설립, 계약 체결, 고객 확보 같은 과정을 진행하며 해외사업의 기회와 위험을 체득하게 되었다.

호주에서 받은 삼성물산의 러브콜

신혼여행, 투자유치 출장, 아내의 호주비행 그리고 부모님을 모시고 가게 된 네 번째 호주 방문이었다. 처음으로 부모님을 모시고 가는 여행은 설렘이 가득했지만 부모님께서는 경제적 부담을 줄까봐 노심초사하는 모습이었다. 사진작가이신 아버지는 호주에 도착하자마자 현지 풍경과 손자의 모습을 카메라에 분주히

담으셨다. 여행이 사업이 되는 경험을 살려 승무원들이 자주 가는 팬케이크 전문점에서 사장과 프랜차이즈 사업권을 협상했다. 역시 상당한 자본과 전문 경험이 필요했다.

유칼립투스 가스가 가득해 푸른색을 띠는 블루마운틴에서 사진을 찍느라 버스가 떠나가는 데도 아버지는 오지 않으셨다. 내가 재촉하는 소리에 놀라셨는지 주춤하시며 오셨다. 항상 가족들을 이끄시던 아버지가 호주에서는 아들의 지시에 따라 이동하는 모습을 보면서 가장의 권위가 잠깐 이동하는 순간을 느낄 수 있었다. 해외 경험이 많은 내게 의지하기도 하지만 조용히 따라오시는 아버지가 노인이 되어간다 싶어 가슴이 울컥했다. 인생 경험이 많은 아버지는 더 이상 나를 지켜주는 대상이 아닌 내가 지켜줘야 하는 대상이 되어버렸다. 집안의 가장으로 그리고 부모님이 의지하는 아들로서 약한 모습을 보이면 안 되는 상황이 된 것이다.

다행히 돌아오는 비행기 편에 면접을 보았던 삼성물산 건설부문 경력직 채용에 최종 합격했다는 통지를 받았다.

'야~ 드디어 한국 대기업에도 다니게 됐구나!'

해외를 다니면서 주재원이나 바이어를 만나는 상사맨이나 해외 정부를 대상으로 제안서를 내고 계약을 체결하는 건설맨들이 가득한 강남의 세련된 빌딩에 근무하면서 대기업 문화를 알 수 있는 절호의 기회라고 생각했다. 삼성과 관련된 지인들을 만나 조직생활의 노하우, 유의사항, 시스템 등에 대해 들었다. 전에 존 칭을 쓰던 VIP, 사장, 임원들이 반말을 하기 시작했고, 입사 서류에 최종 서명을 하자 그들은 진짜로 어려운 상사가 되었다.

잦은 출장과 의전에 지친 나는 인사팀의 결정에 따라 개발사업본부의 신사업전략팀으로 배치됐다. 삼성의 브랜드 이미지는 세계에서 9위를 차지하며 세계의 핵심기업이 되어 있었다.

경력직 교육 중에도 무대에 나가 인도식과 프랑스식 프레젠테이션을 하면서 좌중을 폭소에 빠뜨렸고, 수료식에서도 인도식 영어로 인사하면서 가슴 깊이 푸른색을 품은 삼성맨이 되어갔다. 아저씨 같은 헤어스타일과 넓은 양복 대신 슬림한 강남 스타일의 캐주얼 정장과 미용실 머리를 했다.

생각을 숨기며 직급에 따라 행동하는 엘리트 인재들이 가득한 새 조직에 적응하면서 대기업 문화와 시스템 그리고 삼성의 한글 프로그램인 '훈민정음'을 익혀야 했다.

그야말로 신사업전략을 수립해야 했다. 저출산과 가계 부채 등으로 어려운 국내 대신, 출산율이 높고 도시가 성장하는 국가로 시야를 돌려 떠오르는 국가와 사업을 시작해야 했다.

나는 전문가 미팅과 자료조사를 통해 해외 개발사업에 대한 전략을 수립했지만, IMF 이후 보수적인 경영으로 그런 사업이 전무한 입장에서 내 기획안은 회사 내부의 벽에 부딪치고 있었다.

다행히 새로 취임한 CEO의 해외 사업추진 의사와 맞물려 해외 개발사업의 본격적인 사업 체제가 생기게 되었다. 내 기획안이 전폭적인 지원을 받았다. 사업본부에서 사업부로 승격되면서 100여 명의 인원이 충원되었고 나는 중동과 아프리카 개발사업을 담당하게 되었다. 더욱 영토를 넓혀 새로운 국가를 가봐야겠다는 생각에 MENA(Middle East and North Africa) 전문가가 되기로 했다. 전 사우디 대사와 워싱턴 DC의 컨설턴트를 통해 리비아, 알제리 등의 개발 관계자들과 접촉하기 시작했다.

이 잡듯이
뒤졌던
해외 시장

조사

진짜 시장조사는 발품과 인터뷰

　삼성물산의 시장조사는 방대하고 치밀했다. 컨설팅업체에 의뢰한 자료를 바탕으로 SWOT를 분석한 후 선정하는데, 아프리카 시장의 교두보로서 알제리 시장조사를 시작했다.

　세계 14위의 원유보유량과 세계 8위의 천연가스를 보유한 알제리는 인구 3,500만의 국가로 한반도의 약 10배 면적인 아프리카에서 가장 넓은 나라다. 철도와 도로 등의 건설사업이 진행 중이었고 개발사업을 위해 파트너 미팅과 프로젝트 발굴이 한창이었다.

　알제리 지점장이 나와 지사와 숙소로 향했고 직원들을 소개받고 알제리 시장조사를 시작했다. 항상 바쁘게 미팅을 시작하는 한국인과는 달리 알제리에 대한 정치, 경제, 문화, 역사에 대한 네 시간의 강연을 요청하자 현지 직원은 몇 번이나 물었다.

"진짜 알제리를 알고 싶나요? 아니면 외국인이 알고 싶은 알제리를 말해줄까요?"

한국 역시 교과서에서 가르치는 것과 실제 한국의 역사가 지배세력과 그 후손들에 의해서 달라지는 것을 아는 나는 그에게 개인의 경험을 토대로 한 사실을 요청했다.

"그럼, 진짜 알제리를 말해줄게요."

직원은 가족사에서부터 시작했다. 그의 아버지는 알제대학교의 교수였으나 강의 도중 테러로 학생들이 죽자 지방으로 이사를 가 조용히 지냈다고 했다. 알제리는 테러와 장기 계엄령으로 언론의 자유나 정부 비판과는 동떨어진 침묵과 복종의 시간을 보내야 했다. 그의 할아버지는 민족해방전선의 독립영웅으로 독립기념탑의 전시관에 기록되어 있으며, 프랑스에 대항하고자 독일군에 합류해 2차 대전 시 롬멜 장군의 작전에 참가했다고 했다. 2차 대전을 미국과 영국 등 연합군 관점으로 이해하는 나에게 프랑스 식민지배에 대항하는 독립군으로 독일군을 지원하는 알제리인의 모습은 다른 관점을 주었다.

프랑스의 지배 전에는 터키의 오스만 튀르크 제국이 지배했다고 했다. 민족주의와 무력해방운동, 민족해방전선(FLN)의 투쟁에서 150만 명 이상의 희생자와 유혈사태 그리고 지금도 수감 중인 사상범들의 이야기는 한국과 서방세계에서 발간된 경제자료와 여행가이드와는 다른 내용이었다.

부테플리카 대통령이 취임하고 테러와의 전쟁과 민족대화합으로 안정되어갔지만 사회 곳곳에 불안요소가 가득해 보였다. 변변한 쇼핑몰이나 시장이 없는 알제리에서 부유층들은 해외로 쇼핑을 나가고 있고 유학파 자녀들 역시 부를 세습하고 있었다. 국가는 부강하지만 관료들의 부정부패가 많아 국민들의 불만이 커지고 있었지만, 인근 국가인 리비아, 이집트, 시리아, 요르단 같은 아랍국가에 비하면 그나마 안정적인 시스템이 갖추어진 편이었다.

알제리의 부동산 시장 가격을 조사하는데 도무지 숫자가 맞지 않았다. 완공되지 않은 주택들이 즐비했는데, 저금리로 주택담보를 받아 건물을 짓고 완공하지 않은 채 거주하며 대출금을 갚지 않는 모럴 헤저드로 인해 통계자료상의 주택 수는 너무나 적지만 실제로 방문조사를 해보니 숫자가 달랐다. 통계청을 방문해서 통계 조사방법을 문의했더니 신뢰하기 어려운 방법이 쓰이고 있었다.

주택 구입자인 양 몇몇 부동산 업체들을 면담하면서 실제 부동산의 선호 성향과 가격, 주택 형태와 위치 등을 파악하게 되었다. 이들은 빈부 격차가 심해서 위기상황에 대비해 고산지대와 보안시설이 갖춰진 곳을 선호한다는 것이다.

부동산 시장조사를 마치고 주요 파트너와의 면담을 위해 2차 출장을 가게 되었다.

파트너들은 공항에서부터 환대해주었다. 알제리 베르베르인들의 전통 음식인 꾸스꾸스와 양고기를 대접하면서 양고기는 하루 전에 사막모래 속에 화덕과 함께 묻고 다음 날 꺼낸 고급 음식이라며 권했다. 다음 날에도 또 양고기를 먹었다. 그렇게 거의 한 달을 양고기를 먹었더니 당뇨 수치가 정상인의 두 배인 250 정도가 나왔다. 그 이후로 일체의 육식을 삼가며 식이요법을 시작했다. 나는 사무실에서 인터넷에 떠도는 시장조사 자료를 복사하는 직원들을 넘어선 실제 정치, 문화, 경제, 양고기를 이해하는 알제리 시장 전문가가 되어 있었다.

택시 기사에게 배운 터키 회화

"네, 터키에 가봤습니다. 유럽이 3퍼센트, 아시아가 97퍼센트 되고 언어는 터키어를 씁니다. 이스탄불에 개발사업 가능성이 많습니다."

인지도가 약하던 삼성이 글로벌 기업으로 도약하게 된 계기 중 하나가 1990년 이건희 회장의 지시로 도입된 '지역전문가(GML) 제도'였다. 별도의 체재비를 받으면서 그 나라의 전문가가 되는 일이라서 해외 MBA와 함께 지역전문가는 직원들이 선망하는 기회였다.

나는 터키 지역전문가에 선정되었다. 터키와 관련된 책과 자료를 모조리 구입하고, 터키어를 공부하는 등 나름의 준비를 했다. 특히 터키의 역사책을 집중적으로 읽었다. 그 나라의 의식을 지배하는 구조와 시스템을 파악하기 위해서였다.

토목 파트와 플랜트, 주택과 개발사업부에서 파견된 네 명이 터키로 향했다. 개발사업의 시장조사와 개발 기회를 발굴하기 위한 전략 일정을 수립했다. 통장에는 생활비로 수천만 원이 입금되었다. 난 매일 다른 호텔에서 체류하며 가장 많은 도시를 방문했다. 목표는 최대한의 현지 업체들을 만나 프로젝트를 발굴하는 거였다.

이어서 이스탄불로 향했다. 미리 연락한 현지 에이전트를 통해 민박에 머물며 차량 렌트를 신청하고 현지 컨설팅 업체들을 만났다. 택시기사와 대화했는데 신기하게도 몇 개 단어들을 연결하니까 대화가 통했다. 터키 사람들과는 터키 차와 커피, 와인을 마시면서 터키 근대사에 대한 이야기를 나누며 친분을 키웠다.

"삼성은 10년 전의 소니 같습니다. 여기서 못할 것이 없으니 해

보십시오."

2002년 월드컵 이후, 터키는 한국인을 아르카다시(형제)라고 칭하며 터키의 조상인 돌궐족과 뿌리를 같이하는 민족이라며 한국을 호의적으로 대했다.

난 통역과 개인비서를 채용한 후, 현지 건설업체와 개발업체를 초청해 투자설명회를 열었다. 삼성의 터키 진출 계획과 사업영역 등을 소개하고 업체들이 가져온 다양한 개발사업에 대한 정보와 자료를 얻을 수 있었다.

이스탄불에서 진행되는 주요 사업들은 대부분 특정 기업이 독점하고 있었고 대형 사업들은 현지 실세인 에르도완 총리와 관계가 있었다. 권력은 엘리트 카르텔과 군부 그리고 이슬람 정당을 중심으로 집중되었고 종국에는 에르도완 총리로 응집되었다.

2006년 이스탄불의 느낌과는 달리, 2011년의 터키는 화려하고 신비로운 자태를 보여주었다. 숙소를 55층의 레지던스로 정했는데 일출과 일몰 때 별과 달이 보스포러스 해협과 마르마라와 흑해를 붉게 적시는 풍광을 보면서 기도 시간을 알리는 음성과 모스크 사원의 첨탑을 보면 뜨거운 감동과 전율이 밀려들었다.

이스탄불은 부산에서 서쪽으로 끝없이 달려서 만나는 아시아 대륙의 끝이었다. 유럽이 시작되는 지점이기도 하고 유럽 문명의 기원인 그리스에서 비잔티움이라고 불리던 문명의 중심지였다. 터키를 좀 더 이해하기 위해 트로이의 목마로 유명한 트로이로 향했다. 트로이 유적지를 보고 나서 서부 다르다넬스 해협의 항구도시인 차낙칼레에 들렀다. 이곳에 브래드 피트 주연의 영화 〈트로이〉에 사용된 트로이 목마 모형이 전시되고 있었다.

차낙칼레에서 청년들을 만나 대화를 하게 되었다. 영어가 아닌 터키어로 진행이 되었는데, 그동안 나는 택시를 타고 그들과 끊임없이 대화를 시작했다.

'메르하바'에서 시작해서 '타맘' '네슬스니스' 등의 기본 단어들을 택시기사에게 배워 계속 확장하다 보니 몇 달이 지나 가벼운 대화가 가능하게 되었다.

최대한 많은 곳을 다녀야 지역전문가

터키 개발업자가 진행 중인 프로젝트를 검토하기 위해 휴양지 보드룸으로 향했다. 유럽의 고급 요트와 와인, 지중해 음식이 가득했다. 보드룸 힐튼 리조트는 중앙아시아 부자들과 러시아인들이 가족 휴가를 보내기 위해 머무는 곳이다. 혼자서 리조트에 머무는 이는 오직 나 하나였다.

지루한 나머지 한 개발업자와 함께 저녁을 하기로 했다. 그는

2장
비즈니스맨으로 세상을 누비다

해산물 식당으로 나를 초대해 아버지 세대부터 단골이었던 식당의 요리사와 웨이터들을 소개했다. 파도소리가 들리는 가운데 해물 요리와 와인을 마시며 그는 터키 문화를 이해하고 삶을 즐기는 방식에 대한 이해 차원에서 다음 날 요트 투어에 합류할 것을 권했다.

회사 규정에는 사업 파트너와의 식사와 접대를 금지하고 있어 나는 정중히 거절했으나 그는 자신과 사업을 할 일이 없을 것이라고 분명히 선을 그었다. 다음 날 요트 정박소에 도착해 보드룸의 섬들과 지중해로의 항해를 시작했다. 짙은 남색의 바다는 끝이 보이지 않았다. 나는 그들의 유영을 지켜보면서 수영을 못하는 내가 안타까웠다. 결국 몇 잔의 와인에 용기를 내서 바다로 뛰어들었다. 지중해는 염도가 높아 가라앉지 않는다는 말에 손을 놓았다가 재빨리 배의 사다리를 움켜쥐었다.

물속에 몸을 담그고 빛나는 태양 아래 낮잠을 잤을 뿐인데 엄청난 부자가 된 것 같았다. 저절로 미소와 여유가 생겨났다. 아무리 부자라 하더라도 지중해 요트에서의 여유가 없다면 나는 그를 부자로 인정하지 않겠다는 다짐마저 생겼다.

삶은 돈으로 평가되는 것이 아니다. 신이 내려준 자연을 진정으로 즐기고 감동하는 여유의 유무에 따라 그가 노예인지 자유인인지가 결정되는 것이다. 난 지중해에서 처음으로 자유인이 되었다. 언젠가 지중해 섬을 구입해서 또 한 번의 자유를 누려보자는 목표를 세웠다.

터키와 그리스의 경계는 모호해서 많은 그리스인들이 지금의 터키 섬에 살았다. 오스만 튀르크의 터키인들도 그리스 땅에 살았다가 한순간 국적에 따라 강제 이주되었다고 한다. 그래서 그리스 국경과 가까운 이즈미르나 보드룸은 그리스와 비슷한 점이 많았다. 로마의 에페소스 유적지와 예수의 어머니 마리아가 머물렀다는 곳도 방문했다.

만약 세계사에 대한 이해가 부족했다면 터키는 뜨거운 태양과 먼지 그리고 건조한 바람, 뜨거운 눈빛을 던지며 아시아 여자들을 유혹하는 수염 많은 남자들, 기암절벽을 비행하는 열기구, 골반과 배꼽을 흔들어대는 벨리댄스의 이슬람 국가로 기억되었을 것이다. 세계사에서 마그마같이 뜨거웠던 영토에서 출장과 시장조사차 지낸다는 건 평생 한 번뿐인 시간이었다.

'그래, 어차피 부동산 개발과 터키 도시들을 분석하기 위해 온 이상 최대한 많은 곳을 다니고 터키 전문가가 되자.'

나는 이스탄불에서 이즈미르, 안탈리아, 앙카라, 보드룸, 에페소스, 페티에, 파묵칼레, 카파도키아, 콘야, 트라브존, 샤프란볼루, 아이데르, 카르스, 아르트빌, 가잔테프 등 도시횡단을 시작했다. 미국 본토 횡단에 이은 터키 대륙 횡단이 시작된 것이다.

비밀 천지와 열기구 사고

극단주의 이슬람인들을 제외하고는 대부분의 무슬림들은 차분하고 평온하며 선한 사람들이다. 미국에서 가졌던 무슬림에 대한 편견이 인도와 중동에서 사라지면서 그들이 믿는 신을 존중하고 그들의 문화를 이해하려는 노력이 한국의 이방인에게서 나타나는 순간 수많은 이슬람인들은 친절한 가이드가 되어주었다.

가끔 만나는 좀 다른 느낌의 사람들은 자신이 쿠르드인이라고 말하면서, 에르도완 총리에 대해 부정적으로 말하고, 압둘라 오잘란이란 민족지도자에 대해 흥분해서 열변을 토하기도 했다.

이라크, 시리아, 터키를 거쳐 서방세계가 분리시킨 국경에서 쿠르드인들은 뿔뿔이 흩어져서 때로는 싸우고 이간질하며 분열된 모습을 보인다. 흩어진 민족들이 얼마나 비참한지를 보니 이스라엘처럼 한반도의 통일국가가 강해져야 한다는 생각을 했다.

로마의 유적지가 있는 에페소스와 파묵칼레를 구경한 후, 앙카라에서 관광청 장관 면담을 위해 현지 통역을 고용하고 정부청사로 향했다. 그전에 한국공원과 터키의 국부인 무스타파 타말 파샤의 영묘인 아니트 카비르(Anit Kabir)를 방문했다. 터키의 정부 관계자들은 관료적인 분위기였다. 한참을 기다린 뒤 장관을 면담할 수 있었다. 삼성의 터키 시장진출을 위한 터키의 관광정책과 투자 관련 자료들을 요청했다. 다소 건조한 분위기로 면담이 마무리되는 분위기가 되면서 장관은 다음 일정으로 급히 일어서려고 했다.

나는 터키의 국부인 아따뚜르크를 알게 된 차낙칼레, 돌마바흐체, 아니트카비르를 방문했던 소감과 교통사고 현장에서 터키인들이 일사천리로 뛰어나가 상황을 해결하는 단결과 협동심에 대해 칭찬했다.

외국인이 자신이 국부로 여기는 역사적 인물에 대해 세심하게 조사하고 터키인의 자부심을 칭찬하는 말에 감동했는지 장관은 갑자기 영어로 말을 했다. 자신의 선친이 무스타파 케말 파샤와 같이 일을 했다며 매우 뿌듯해하면서 한참을 이야기했다.

이후 자신의 고향인 이즈미르에 투자해달라는 농담과 함께, 화기애애한 분위기에서 직원들에게 관광지도, 투자현황, 인프라 투자맵 등 각종 정보를 제공하라고 지시하면서, 즉석에서 터키의 관광명소가 담긴 화보집을 선물로 주었다. 자신이 좋아하는 것에 대한 관심을 갖고 알려고 노력하는 이에게 기꺼이 지원해주는 마음은 어느 나라나 동일했다.

수도 앙카라에서 본격적으로 관광을 시작했다. 유명한 관광명소인 파묵칼레와 카파도키아는 스타워즈의 도시처럼 우주의

외계인들과 성서에 나오는 기독교인들이 땅속에 사는 것 같았다.
　가이드는 진짜 기독교는 터키에서 시작되었고, 지금도 비밀리에 기독교가 있다고 했다. 진짜 기독교는 비밀의 종교라며 지금의 기독교는 로마제국이 국민을 지배하기 위해 만든 통치수단일 뿐이라고 말했다.
　'이건 뭔가? 내가 알고 있는 기독교 말고 또 다른 게 있다는 건가? 젠장, 세상엔 비밀이 천지고 몰랐던 사실들이 너무나 많구나.'
　말을 타고 카파도키아를 돌고 새벽에 열기구 풍선을 타기로 했다. 평생 꿈꾸던 열기구를 타고 하늘로 올라가는 설렘에 잠을 설쳤다. 아침 일찍 커다란 풍선에 공기가 차오르는 것을 지켜보았다.
　찬바람 속에 승선을 한 후 열기구에서 분사되는 뜨거운 공기 속에서 선장의 안전수칙과 안내를 들었다. 열기구가 떠오르는 순간 강한 바람이 불어와 가까운 올리브나무에 걸렸고 나무에 불이 붙어버렸다. 선장은 소리를 지르며 불타는 나무 사이를 벗어나려고 했지만 본체가 나무속으로 박혀들었다. 사람들은 비명을 지르기 시작했다.
　'아, 이제 죽는구나! 그래도 카파도키아라서 다행이다.'
　선장이 강한 공기를 급히 내뿜으며 상승하는 바람에 나무가 부러지면서 고도를 높일 수 있었다. 긴장한 마음 때문인지 높은 곳으로 갈수록 고소공포증이 줄어들었고 살았다는 안도감에 기뻐하는 순간, 공포는 사라지고 감탄이 시작됐다.

멀리 태양이 떠오르며 카파도키아의 비경이 눈앞에 펼쳐졌다. 아슬아슬하게 바위산들을 지나면서 광활한 풍경을 감상할 수 있었다. 터키의 무궁무진한 관광자원은 이처럼 짜릿하게 마음속으로 들어왔다.

가족들과 함께할 수 있으면 좋겠다는 생각이 들었다. 이런 기분을 누군가와 공감하고 싶었다. 200달러 정도의 거금을 투자해서 열기구를 탈 수 있을 정도로 생각과 삶에 여유가 생긴 것도 큰 변화였다.

한국으로 복귀해 '터키개발시장 보고서'를 발표했다. 터키 전문가가 몇 달의 방문으로 되는 건 아니겠지만, 적어도 매순간 터키인과 어울리며 차츰 전문가가 된다는 것은 남들보다 더 깊은 고뇌의 시간을 투자해서 타인을 설득할 만한 힘을 가진다는 의미라는 걸 알았다.

현지인처럼 먹고 마시고 생활하면서 타인의 경험을 듣고 읽다 보면 자기만의 통찰과 혜안이 생기게 되는데 그런 시야가 바로 전문가로서의 역량이다. 터키 체류를 통해, 현지 6개월의 시간이 주어진다면 누구든 설득할 수 있는 전문가가 될 수 있다는 자신감이 생겼다.

'그래, 한국과 단절된 현지화 6개월이 현지 전문가를 만든다.'

중앙아시아
초원에서
달린

여름휴가

카레이스키를 아시나요?

사내에서 한 외국인 직원이 자살했다는 소식을 접했다. 모두 쉬쉬하는 가운데 소곤대는 소리를 들었다. "싫으면 떠나면 되지, 뭐가 힘들다고 자살하고 난리야."

분노가 생겼다. 경쟁사회에 길들여져 약자에 대한 배려와 죽은 이에 대한 매너도 없는 학벌 좋은 그를 보면서 그토록 추구하던 좋은 대학, 좋은 직장, 성공을 위해 살았던 방식과 목표가 흔들리기 시작했다.

이후에도 중남미 출장 중에 동료가 헬기 사고로 사망하는 사건이 생겼다. 동료의 눈물과 한숨이 가득해 업무가 손에 잡히지 않았다. 나는 장례식을 지원하면서 아빠 얼굴을 잘 모르겠다고 하는 망자의 딸이 하는 말을 듣고 주말마다 회사에 출근해 자료를 검토하던 동료 상사가 떠올랐다. 그들은 직장에 모든 것을 바쳤지만 갑자기 사고로 세상을 떠나고 나니 아무것도 남지 않았다.

'무엇을 위해 직장을 다니는 것이며 무엇을 위해 일하는 건가?'

좋은 상사와 일하면서 즐거웠던 직장생활이었다가 내게 욕설을 하고 나를 무시하는 상사에게 반항을 하게 되었다. 상사의 뜻에 거슬리는 것은 매우 위험한 행동이었다. 수년간의 노력이 한순간에 물거품이 되었다. 순식간에 직장 내 왕따를 당했다. 법인카드 사용이 금지되고 내 업무를 후배가 맡게 되면서 수없이 쏟아지던 메일이 단절되었다.

스트레스와 압박으로 속이 답답하고 가슴이 터질 것 같은 시간들이 계속되면서 직장과 가정이 모두 힘들어졌다. 어디론가 떠나서 말을 타고 초원을 달리고 싶었다.

'그래, 미치도록 말을 타고 초원을 달리자! 그래, 떠나자! 중앙아시아로.'

생각이 곧 행동이 된다. 여름이 다가오고 난 개인 휴가를 모아 카자흐스탄으로 무작정 떠났다. 카자흐스탄 공항에 도착하자마자 빠르게 도시 분위기를 파악했다. 호객꾼이 몰려들고 그들과 흥정하게 되면 분명 험한 꼴을 당할 것이다. 누군가 오기로 한 것처럼 자연스레 행동하며 호객꾼들이 빠져나가는 것과 공항의 문이 닫히는 것을 보았다.

시골 터미널 같은 공항에는 대중교통이 없고 호객꾼과 마중 나온 차량뿐이었다. 영어는 통하지 않고 위험해 보이는 사람들도 보였다. 일단 이스타나 시내로 떠나야 한다는 생각에 일행을 태우고 떠나는 이에게 시내로 가달라고 부탁하며 돈을 보여주었다. 러시아어로 시내에 가지 않는다는 말을 하는 이에게 "택시, 택시, 하라쇼(빨리)"라고 택시가 있는 곳에 데려다달라고 하니 이해하는 것 같았다. 시내처럼 보이는 곳에 나를 내려주고 차는 떠나버렸다.

나는 전화기를 들고 통화하는 척 빠르게 걷다가 길에 서 있는 택시를 발견하고 "호텔, 호텔, 하라쇼"를 외쳤다.

나름 저렴해 보이는 로컬 호텔에 자주 오는 사람처럼 5만 원 정도의 화폐를 보여주었다. 늦은 밤에 찾아온 이방인에게 호텔 주인처럼 보이는 여인이 키와 잔돈을 내주었다. 여권 복사도 하지 않는 한국의 여관 같았다. "다, 스파시바(감사합니다)." 간단한 러시아어로 대답하자, 그 여인은 쉴 새 없이 러시아어로 물어보기 시작했다. 위험하니 밖에 나가지 말라는 뜻 같았다.

나는 해 뜨는 새벽이 가장 안전한 것을 알고 있기에 빠르게 도시를 걷기 시작했다. 청소부들이 거리를 청소하기 시작했다. 교회의 종소리와 새벽 버스의 움직임 등 루마니아와 불가리아와 비숫한 느낌도 들었다. 초원에서 말을 타겠다는 목표를 이루기에는 뭔가 불안해 보였다.

말 생산지로 유명한 키르기스스탄으로 가는 버스가 있다기에 버스터미널로 향했다. 한참을 기다린 뒤 버스를 타고 국경을 건너기로 했다. 중간에 차가 멈춘 곳은 멀건 우유 같은 것을 파는 천막이었는데 말젖이라고 했다. 약간 발효가 되어 신맛이 강한 말젖을 한 사발 마시고 나니 힘이 나는 것 같아서 초원을 더욱 달리고 싶었다.

동행한 버스에 한 청년이 영어를 할 줄 알았다. 친척을 소개해 주겠다며 키르기스스탄의 수도에 도착하면 친척과 함께하자고 했다. 빠른 시간에 판단해야 한다. 믿어야 할 사람인가 믿지 말아야 할 사람인가? 친척은 현직 경찰인데 부업으로 운전을 한다는 것이다. 여기저기서 차량을 세우고 통행세를 받는 경찰들을 보니 경찰과 함께하는 것도 안전하겠다 싶었다. 대신 기름을 넣어주고, 밥과 술을 사줘야 한다. 대접을 충분히 해주면 그들도 내가 원하는 것을 해준다. 일단 이 친구를 신뢰하기로 하고 도착하자마자 그의 친척 차에 올랐다. 그는 영어를 못했지만 내 영어를 일부 알아듣는 것 같았고, 나 역시 그의 러시아어와 제스처로 일부 이해할 수 있었다.

그들과 고급 식당으로 갔다. 전통음식을 한 상 가득 내왔다. 식사하면서 모두들 담배를 피워대고 키르기스스탄 술이라면서 보드카를 따라주고 건배를 권했다. 독한 술이 위를 파고들자 긴장이 풀어지며 대화가 시작되었다. 역시 알코올 대화는 언어장벽을 넘어 빠르게 생각을 교류하게 한다.

그래도 긴장을 풀면 안 된다. 나는 이제 자야겠다고 호텔로 가자고 요청했다. 그러자 집으로 가자며 콘크리트 골조와 문, 유리창만 있는 구 소련의 집단주택에 가게 되었다. 무너져가는 건물에 살고 있는 그의 부모님 집이었다. 감기와 긴장, 음주에 지친 나는 짧게 인사를 하고 잠이 들었다.

그 친구의 어머니는 고려인(카레이스키)이었다. 그의 어머니는 내 손을 잡고 뭔가 할 말이 있는 것처럼 눈물을 글썽거리며 말을 하기 시작했다. 도통 무슨 말인지 몰랐지만, 분명 스탈린이 강제 이주시킨 키르기스스탄과 카자흐스탄에 사는 고려인의 실상일 것이다. 그녀가 펼친 사진 중에는 태극기를 들고 서울에서 찍은 사진도 있었다.

그녀는 내게 한국 정부에서 고려인들을 외국인으로 취급해서 다시 돌아와야 했다며 아쉬움을 표현했다. 미국의 재미교포와 비교해 조선족 동포나 카레이스키라는 표현으로 차별하는 것이 현실이었다. 재중교포, 재러교포라고 부르면 뭔가 가까운 느낌이 드는데 카레이스키는 먼 나라의 외국인 같은 느낌이었다. 고려인들은 이곳에서 나름 중요한 역할을 하고 있었다. 이들과 연계하여 한민족 네트워크를 확장시키면 정치경제적으로 중장기적 이익을 추구할 수 있을 것이다.

저 푸른 초원을 말 타고 횡단하고 싶다면

성을 쌓고 사는 자는 반드시 망할 것이며
끊임없이 이동하는 자만이 살아남을 것이다.
– 동궐제국의 명장 톤유크크의 비문

내 목적은 말을 원 없이 타는 것 그리고 송쿨 호수와 이시쿨 호수를 보고 돌아가는 것이었다. 이미 내 머릿속에서 대기업의 직책과 업무는 사라졌다. 자연인 그대로 말을 원 없이 타보고 싶었다.

말을 타고 송쿨 호수를 향해 배낭 하나와 시장에서 산 잠바와 카자흐스탄 전통 모자를 쓰고 홀로 길을 떠났다.

송쿨 호수 근처의 유르따(유목민 전통 가옥)를 예약하고 떠나는데 가도 가도 끝이 없었다. 거리에 아름다운 야생화들이 숨통을 트이게 했다. 가끔 맑은 물에 목을 축이고 말에게 풀을 먹이며 한나절을 지나자 멀리서 유르따가 보였다. 해발 3,000미터의 밤하늘에서 쏟아지는 유성은 탄성과 감동의 저녁 밤을 보내게 해주었다. 가죽으로 덮인 유르따의 내부는 생각보다 따뜻하고 넓은 공간이었다.

전통 마상 축제를 구경한 후 이시쿨로 이동해야 했다. 휴가지만 내 머릿속은 온통 직장 상사와 동료에 대한 생각뿐이었다.

'그래 어차피 늦은 거, 맘대로 즐기다 가자. 아니 회사에서 잘리더라도, 그냥 이 순간 맘대로 말을 타보자.'

미래는 미래에 생각하기로 하고 현재 마음대로 질주하기로 했다. 지나가는 외국인 승마인들과 동행해 무사히 말을 반환할 수 있었다. 차를 대절해서 바로 이시쿨 호수로 직행했다. 오전에는 호수에서 보트를 타다가 낮잠을 잤다.

12시쯤이 되자 카자흐스탄이 아닌 키르기스스탄에서 저녁 비행기를 타면 업무에 복귀할 수 있다는 생각에 택시를 찾았지만 택시가 없었다. 결국 승용차에 합승하는 현지 문화대로 지나가는 차를 세워 수도인 비슈케크로 향했다.

아무튼 말을 타기 위해 떠난 여행은 성공적이었다. 오랜만에 심장의 고동소리를 들었다. 적어도 앞으로 먹고살 양치기 기술은 확실히 연마했다.

2장
비즈니스맨으로 세상을 누비다

순종하고 복종하며 살아온 것뿐인데

중앙아시아 여행 이후로 난 나도 모르는 자신감과 자유에 대한 열망이 커져서 부당한 상사의 업무 지시에 적극적으로 항의했다. 상사는 이에 불만을 품고 경비 처리 문제를 계기로 나를 업무에서 완전히 배제시켰다. 고립감이 계속되고 업무 스트레스와 인간관계 등으로 얼굴 반쪽이 마비되어 움직이지 않게 되었다. 눈이 감기질 않았고 입도 움직이지 않아 중풍에 걸린 사람처럼 얼굴이 비틀어졌다.

'도대체 내가 뭘 잘못하고 얼마나 일을 못했기에 이런 일이 생기는 걸까?'

매일 5시 반에 일어나 저녁 11시에 복귀하는 삶을 살아온 나에게 가장 소중한 직장에서 생기는 갈등과 상사의 무시는 참을 수 없는 불안과 분노를 가져왔다. 아무에게도 이런 약점을 말하지 않다 보니 결국 스트레스와 불면증, 면역력 약화로 이런 일이 오고 말았다.

병원에 입원해 각종 검사를 하고 스테로이드 처방을 받았다. 고슴도치처럼 얼굴에 침을 꽂았다. 의사들은 내게 스트레스를 많이 받는 성격이니 순종적으로 살지 말라고 했다.

나는 과거 알제리 프로젝트를 생각했다.

최종 사업참가심의회에서 대표는 적극적으로 사업을 검토했고 사업이 본격적으로 진행되었다. 그런데 중간 상사가 인사평가를 위해 알제리사업을 자기 프로젝트로 가져갔다.

사내에서 가장 많이 알제리 자료와 시장조사를 했지만 결국 상사에게 양보해야 했다. 그것이 조직의 생리라고 생각하게 되었다. 팀이 잘되는 것이 중요하고 개인의 능력과 실력은 상사보다 월등히 뛰어나면 안 된다. 오히려 상사를 잘 보좌하며 담당 권한이 올 때까지 부하직원을 잘 관리하며 기다려야 한다. 결국 앞으로 나는 내 맘대로 사업을 하려면 10년을 더 기다려야 한다. 시키는 대로 일 잘하는 직원, 그래서 평생 나는 말 잘 듣는 엘리트가 되기 위한 교육을 받았던 것이다. 노력해서 얻은 프로젝트를 빼앗겨도 나는 항상 순종적이었다.

'나는 화를 내지도 않고, 상사와 어른들의 말에 따르며 열심히 일했을 뿐이다. 항상 양보하고 희생했다. 다만 부당한 상사에게 가식적으로 웃을 수 없었고 반말과 욕설이 불쾌했을 뿐이다. 그래도 직장에서 살아남으려면 참아야 할 뿐인가!' 그런데 바로 그것 때문에 나는 마음에 스트레스와 불만을 쌓고 살았고, 결국 안면마비 증상까지 왔던 것이다.

퇴원해서도 얼굴이 움직이지 않아 마스크를 쓰고 다녔다. 혼자서 밥을 먹고 미팅에 수동적으로 참가했다. 출근 시각 5분 지각을 한 나에게 상사는 내게 다시 욕을 했다.

"참 나, 자꾸 새끼 하지 마세요. 계속 그러시면 저도 못 참습니다. 그리고 자기 부하직원이 몸이 아프면 적어도 괜찮냐? 라고 묻는 게 도리 아닙니까?"라며 소리를 질렀다. 처음 듣는 나의 고성에 사무실 직원들이 웅성거리기 시작했다.

'아! 이제 끝났다. 이 상황, 완전히 꼬여버렸구나.'

사내에 소문이 날 것이고 나는 자기관리 못하는 직원이 되어 인사평가에서 최하등급을 받을 게 분명했다. 이후로 팀장의 얼굴을 쳐다보지도 않고 인사를 하지도 않았다.

연말에 조직이 개편되고 팀장들이 직원들을 자기 팀으로 스카웃하기 시작했다. 경영지원실의 터키 PPP(민간투자사업) 사업팀에서 터키 개발사업 담당으로 부서이동 요청이 들어왔다.

"같이 일합시다. 안도현 과장은 예전부터 잘 알고 있었어요. 우리 조직은 다른 조직과 달라서 안 과장처럼 경험 많은 터키 전문가가 필요합니다. 회의는 대부분 영어로 진행되고요."

최고 스펙의 엘리트들이 모여 있는 부서로의 이동은 대반전이었다. 예산과 사업 권한도 압도적이고 사내 사업을 총괄하고 관리하는 경영지원실에서의 업무는 매력적인 제안이었다.

전 세계에서 진행되는 PPP를 모니터링하고 사업성을 분석하며 부서별 관리와 조율의 업무는 밤새 계속되었다. 터키 출장이 계속되었고, 터키 병원 프로젝트의 새 담당으로 배속되었다.

담당 팀장과 사업부는 승진이나 출세를 위한 최적의 장소였지만 나로서는 스트레스와 과로로 인한 안면마비의 재발이 두려웠다. 매년 조직에서 살아남기 위한 내 처세술에 대한 자신감이 줄어들고 있었다. 엘리트들로 가득찬 조직에서 나는 자기 관리를 못하는 사람이 될 것이 분명했다.

'난 이 조직과 어울리지 않는다. 결국 누군가에게 보여주기 위한 삶을 살며 나 역시 고급 와인과 명품 여행가방에 스티커를 붙이고 사진으로 내 해외 경험을 자랑하는 똑같은 속물이 될 뿐이다.'

'그래, 나 같은 사람은 나한테 맞는 곳을 찾아 떠나야 해. 이곳은 어울리지 않아.'

나는 사직서를 내고 나에게 맞는 조직을 찾아 떠나기로 했다.

투자유망지 선정하는 법

기업에 대한 보답의 기회라고 생각하고 마지막으로 내가 가진 노하우와 경험을 살려 터키 출장을 진행했다. 국내 VIP를 모시고 터키 장관과 면담뿐만 아니라 모든 동선과 의전을 총괄했다. 일정 마지막 날에는 VIP와 CEO로부터 잊지 못할 출장을 경험하게 해줘서 감사하다는 말을 들었다. 그날의 달콤한 전통 디저트 로쿰이 아주 좋았다.

'아, 이제 모두 끝났다. 자유다. 난 이제 자유인이다!'

개인으로서 다른 개발사업 기회를 찾고 도전하고자 조지아(그루지야) 방문을 기획했다. 퇴직금을 투자해 조그만 레지던스를 지어 분양하는 디벨로퍼(개발사)의 가능성을 위해 조지아에서 사업을 하는 황 사장과 함께 시장조사를 하게 되었다.

러시아와 터키의 국경을 마주하고 있는, 흑해 동쪽의 아름다운 나라 조지아는 그리스정교를 믿는 민족이다. 이곳 출신인 스탈린이 민족주의자 10만 명 이상을 시베리아 수용소로 보내면서 소련에 공화국으로 편입된 역사를 갖고 있다. 1991년 소련 붕괴에 앞서 조지아공화국으로 독립했다. 이후 장미혁명이라는 시민혁명과 2008년 5일 전쟁으로 유혈충돌이 일어나기도 했다. 전쟁 이후 많은 국민들이 외국으로 떠났으나 친 러시아 정부의 등장으로 러시아와의 관계가 안정되고 미국 외교 등을 통해 빠르게 안정화됐다.

나는 먼저 관광도시인 바투미로 향했다. 흑해를 낀 바투미에는 4성급 호텔과 카지노가 즐비하고 디즈니의 투자계획과 도널드 트럼프의 투자가 진행되는 관광지로 급부상하고 있었다. 직감적으로 터키의 안탈리아처럼 급성장할 것을 느꼈다. 미국 공군기지 이전과 나토의 방어전략을 보아 빠른 개발이 예상되었다. 시리아와 이라크의 부유층들이 휴양이나 카지노를 즐기기 위해 오는 비이슬람권 국가이며 아제르바이잔과 아르메니아의 국경을 끼고 있어 물류의 중심국으로 성장하는 곳이니까. 이미 황 사장은 이곳의 주택을 구입해 구조를 변경하는 중이어서 내게도 공동으로 개발사업을 해보자는 제안을 했다.

토지주가 보유한 땅에 건축비를 투자해 건물을 올리고 공사가 30% 정도 진행됐을 때 분양하고 자본을 회수하고 토지주와 개발이익을 공유하고, 금융권에 재매각하는 사업이었다.

고급 호텔에 비해 중간급 호텔과 레지던스는 턱없이 부족했으니 그 틈새를 노려 터키 개발사들이 건물을 올리고 있었다. 러시아와 미국의 영향을 받은 조지아인들의 눈에는 한국형 레지던스의 수요가 훨씬 높아 보였다. 물류기지가 있어 공사비도 적게 들고, 인건비도 저렴하다. 카지노 종사자들의 거주 수요 등을 보면 분명 분양은 성공적일 것 같았다. 시장조사를 거치니 사업성 분석과 리스크 분석, 분양 가능성과 기회 등을 파악할 수 있었다. 한눈에 봐도 개인이라도 24개월의 투자 후에는 수익을 올릴 수 있을 것 같았다.

미얀마와 북한을 포함해 내가 선정한 3대 투자 유망지인 조지

아는 숨은 보석처럼 알려지지 않은 기회가 많은 곳이다. 중국의 중산층이 증가하면서 급증하는 와인 수요에 맞춰 조지아의 와인 역시 달콤한 풍미로 인기가 높다. 저렴한 와인농장을 매입해 와이너리로 수익을 늘리는 것도 유망해 보였다. 반면 수도인 트빌리시는 이미 개발이 진행되어 눈에 띄는 사업이 보이질 않았는데 대형 유통사를 통한 마트가 개발되면 좋겠다 싶었다.

공산주의자를 붉은 악의 무리로 타도와 처단의 대상으로 세뇌를 받은 어린 시절과 붉은 적기에 대한 본능적인 공격성을 훈련받던 군대를 경험한 나로서는 소련의 붉은 적기와 김일성과 같이 찍힌 스탈린의 사진이 묘한 긴장을 불러일으켰다.

수많은 조지아인과 고려인을 강제 이주시키고 한국전쟁 도발의 장본인인 스탈린에 대한 복잡한 상념은 베트남의 호치민 묘역을 방문했을 때와 비슷했다.

젊은 시절 성직자를 꿈꾸던 풋풋했던 스탈린은 카리스마가 넘치는 중년이 되면서 눈빛과 표정이 변했다. 호치민, 스탈린, 마오쩌둥 같은 공산당 지도자들의 모습을 떠올리며 한 사람이 인류에게 얼마나 큰 영향을 미치는지 알게 되었다.

한국에 돌아오고 얼마 뒤 나는 프랑스 회사에 스카웃 제의를 받고 결국 새로운 환경에서 다시 시작하기로 했다.

"그래 떠나자, 이젠 프랑스 회사 근무다!"

3장

그래
떠나,
안도현처럼

인생에서
가장
소중한

것

'무엇을 찾아 계속 떠나는 것일까?'

인도에서 IT회사를 다니고, 한국의 보험회사에 입사했다. 코트라, 김앤장의 인턴을 거쳐 경기도청과 경기개발연구원에서 일했다. 삼성물산에서는 간부로 일했다.

도대체 무엇을 찾아 나는 이렇게 이직을 반복하며 새로운 도전을 하는 것일까? 어렵고 힘든 길을 스스로 감내하며 불안을 즐기며 살아가는 것인가?

새로운 사업 기회를 찾아 끊임없이 여행을 떠났지만 공허함은 점점 커지고 있었다. 대기업 간부를 포기하고 선택한 외국 기업은 불안하기 짝이 없었다. 부모님과 지인들은 대기업에서 못 버티고 나갔다고 하고, 이름 없는 외국계 대출회사로 밀려났다고 했다.

내가 어렵게 선택한 곳은 세계 1위 스포츠 유통매장인 '데카트론'으로 한국 진출을 준비하고 있었다. 한국인 최초의 개발담당이 되어 초창기 매장 오픈과 외국인 투자를 직접 준비하고 싶은 도전정신이 발동했다. 위험이 있으면 기회가 크다.

'왜 남들이 부러워하는 잘나가는 회사를 그만두고 나왔을까? 버티면 승진도 하고, 퇴직금도 탄탄하고! 여긴 연봉이 많은 것도 아니고 회사가 탄탄한 것도 아닌데.'

흔들리는 불안감과 경솔한 선택에 안타깝기도 했지만 항상 그렇듯 긍정적으로 생각했다.

'나는 끊임없는 도전을 통해 환경을 극복하고 내 경력과 경험으로 삼았다. 만약 실패하더라도 다시 살아날 수 있다!' 새로운 도전을 통해 항상 전문 역량과 정보, 기술을 배웠던 것이 아닌가? 그래도 불안한 마음이 들었고 일단 가족여행을 다녀오기로 했다. 둘째를 임신한 아내와 다섯 살 아이와 함께 사이판으로 떠났다. 수년간 미친 듯이 달리느라 조용히 쉬고 싶은 간절한 소망과 그동안 소홀했던 가족과 좋은 추억을 남기기 위함이었다.

저녁 비행의 피곤함이 밀려오고 입국부터 불운한 기운이 감돌기 시작했다. 입국심사대에서 수십 분을 대기하다가 나는 아내에게 짜증을 냈고, 아내 역시 민감한 상태로 호텔에 도착했다. 직장이 없으니 경비를 절약해야 했다. 나와는 달리 고급 호텔과 숙소에서 자연스럽게 식사하는 아내에게 투정을 하기 시작했다.

나는 물을 두려워하는 아이에게 용기와 도전정신을 심어주기 위해 물이 아이의 목까지 차는 곳으로 데리고 갔다. 두려워하는 아이가 물의 공포를 이겨내기를 희망하는 내 의지를 아내는 사정없이 무시했고 교육방식의 차이는 극한 갈등으로 치달았다.

'결혼은 행복하려고 하는 건데 왜 이렇게 불행한 건가? 지금이라도 맘에 안 들면 떠나면 된다. 포기하자. 이혼하고 헤어지자.'

나는 안면마비 재발의 불안으로 아내를 벗어나 혼자 살고 싶은 충동을 느꼈다. 무작정 가방을 들고 충동적으로 호텔을 빠져나와 홀로 사이판 공항으로 향하는 택시를 기다리고 있었다. 항상 혼자 여행을 떠나든지 아니면 마음에 맞는 동행자와 같이 갔을 뿐이다. 마음이 맞지 않으면 각자 다른 곳으로 가면 된다.

"쿵! 아아악."

뭔가 떨어지는 소리 그리고 사람들의 비명소리에 갑자기 하늘이 노래졌다. 혹시나 하는 불안감에 심장이 멎는 것 같았다. 혹시 내 갑작스러운 이별에 아내가 아이를 창문 밖으로 집어던지고 사람들이 비명을 지른 것이면 어떡하나?

'내 소중한 아이와 아내가 혹시 잘못된 거라면? 제발 신이시여, 기회를 주세요.'

나는 미친 듯이 호텔 방으로 뛰어 들어갔다. 천진난만하게 놀고 있는 아이를 보니 눈물이 흘러내렸다. 난 아이와 아내를 안고 속 좁은 내 행동을 후회하며 사과했다.

"미안해, 미안해. 내가 정말 잘못 생각했어. 숨이 멎는 것 같았어. 미안해."

나에게는 책임져야 할 가정이 있고 무거운 책임이 있다. 내 기분대로 살기보다 나를 믿고 따르는 가족들을 챙겨야 한다.

'그래, 설사 내게 맞지 않더라도 버릴 순 없어. 평생 안고 책임져야 할 내 가족들과 이젠 같이 떠나야 해.'

그동안 회사와 나 자신만을 생각하면서 세계로 달렸다. 처음으로 가족들을 위한 여행을 해보고, 내가 원하는 것이 아닌 가족들이 원하는 여행을 해보자. 생각을 바꾸니 아내도 다시 마음을 열기 시작했다. 렌터카를 빌려 사이판의 구석구석을 여행했다. 붉은 노을 속에 아이의 맑은 웃음과 행복해하는 아내의 얼굴을 보니 눈가를 적시는 감동이 차올랐다. 망고와 코코넛을 마시면서 직장이 없는 가장은 햇볕을 마음껏 쬐고 낮잠도 자며 맛있는 식사를 했다.

대기업에 다니면서 출세했다고 생각했다. 가족의 희생은 당연하며 성공을 위해 내가 가는 대로 따라가야만 한다고 생각했던 나 혼자의 여행방식은 결국 동반자와 가족 역시 외면하는 여행이었다. 나는 평생 혼자 떠도는 여행자로 방랑하다가 죽을지도 몰

3장
그래 떠나, 안도현처럼

랐다.

사이판에서 미군의 공격을 받아 자살하는 일본인 가장들은 미래의 세상을 보지 못했다. 오직 자살이 가족을 지키는 방법이라고 믿고 아이와 아내를 절벽에서 내던졌다. 자결을 통해 천왕과 국가에 충성하는 것이 유일한 선택이라고 생각했을 것이다.

숱한 일본인과 조선인 학도병들의 영혼이 흩날리는 사이판은 이제 미국 영토가 되어 일본인과 한국인들이 관광을 즐기고 있었다.

'지금 내가 생각하는 것이 절대 불변의 진리가 되지는 않아.'

다가오지 않은 미래에 대해 불안해할 필요도 없다. 지금은 아니지만 언젠가는 맞는 일이 될 수도 있다. 나는 사이판의 절벽에서 내가 왜 상사와 다투고 아내와 싸우며 고집스럽게 여행을 떠났는지 알게 되었다. 결국 모든 것이 내 탓이었다. 자결했던 일본인 가장의 모습처럼 내 목표와 신념을 위해 가족을 희생시켰다는 반성을 했다. 수많은 공무원, 대기업 사원들이 승진과 출세를 위해 사무실에서 인생을 바친다. 가족들은 당연히 가장의 희생에 감사하며 덩달아 자신들의 삶도 가장을 위해 희생해야 한다. 주말엔 피곤해서 잠을 잤고, 시간이 있으면 해외로 떠난 것이다. 아이들도 내가 원하는 대로 교육을 해야 하고 가족들도 희생해야 했다. 내 이기적인 욕심을 반성했다.

인민군 장교 출신으로 6·25 전쟁에 참전했다가 거제도 수용소에 수감된 후 미군으로 근무하게 된 사이판 할아버지를 알게 되었다. 그는 나에게 미국 하원에서 발간한 〈프레이저 보고서(Fraser Report)〉를 읽어보라고 했다. 내가 믿고 있는 한국 현대사가 당시 역사책을 쓰는 이에 의해 달라진 거짓일 수도 있겠다는 생각이 들었다. 내가 배운 한국의 현대사는 매우 복잡한 이해관계로 얽힌 치열한 권력 투쟁이었다. 새삼 한국 사회를 알고 싶어졌다.

어쩌면 나의 이기적인 목표에 희생당하는 가족들처럼, 나 역시 한국사회가 시키는 대로 희생을 하며 경제성장, 민생안정, 자주국방의 목적을 위해 치열한 경쟁을 하며 살았던 것이다. 결국 한국에 대한 이해, 나에 대한 이해 없이 직장을 선택하고 세상을 여행했다. 나를, 결국 나를 찾기 위해 지금까지 여행한 것이다. 인생에서 중요한 것은 '나에 대한 깨달음'이다. 나는 여전히 깨달음을 찾아 떠나고 있었던 것이다.

외국계기업,
이사와
매니저가
한끗

차이

"한국에서는 내세울 만한 타이틀이 있어야 합니다."

장시간의 프랑스 임원과 만족스러운 연봉협상을 이끌지 못한 나는 이사 직함을 달아줄 것을 요구했다. 매니저 타이틀을 쓰는 프랑스인은 직함에 집착하는 나에게 '그게 뭐가 중요하냐?'며 한참을 실랑이하다가 결국 '이사와 본부장(Head of Property)' 타이틀을 붙여줬다.

한국 사회는 서열과 연공이 중요하고 나이와 직함이 보이지 않는 힘으로 작용된다. 그러나 그들에겐 본부장이나 이사 같은 직함보다 연봉과 업무 권한이 더 중요했다.

프랑스인 사장은 나를 불러서 말했다.

"우리는 서열이 없어. 누구나 평등해. 이름을 부르고 쓸데없는 타이틀과 존칭은 피해. 이메일로 일하고 화상회의를 해. 형식은 중요하지 않아. 의전도 없고 퇴근 이후 시간은 개인 사생활이야. 너는 프랑스 기업문화를 알아야 하고, 한국의 기업문화를 빠르게 잊어야 해. 1년 동안 계속 공무원이나 삼성 직원처럼 행동하면 과감하게 너를 제외시킬 거야. 그리고 우리 회사가 맘에 들지 않으면 언제든 떠나."

한국에서 사업을 하려면 직급이 중요하다. 반면 프랑스 회사에 다니려면 이 서열의식을 버려야 한다. 결국 나는 당분간 이사님과 Doryan의 이중생활을 하기로 했다.

이후 나는 대만, 중국, 프랑스의 교육 프로그램에 합류했다.

계급장 뗀 대만의 매장교육

매장에서 일하는 동안 20대인 브랜드 담당 매니저와 정직원으로 보이는 점원들은 내게 중국말로 물품 정리를 시켰다. 기본 인사만 알아듣는 내게 복잡한 업무 지시는 꽤나 답답한 상황이었다. 영어로 이야기하면 나를 미국에 사는 대만인 정도로 취급했다.

'난 대기업 간부였고 공무원이었는데⋯ 스무 살짜리가 반말을 하고 손가락질로 잡일을 하라고 하네. 존중도 없고 그냥 업무지

시와 평가뿐이군. 지금이라도 그만둬야 하나?'
'아니, 해보자. 필요한 교육이라고 생각하고 지금을 즐기자. 덕분에 난 스무 살과 친구도 될 수 있고 더 이상 어깨에 힘주며 말하지 않아도 되니까. 이들과 같이 생각하고 즐겨보자. 이 기회에 20대의 대만 남자가 되어보자.'
이후 박스를 나르고 힘들고 무거운 일을 도맡아 하게 되었다. 점점 직원들이 나를 좋아했고 서로 친해지게 되었다. 나중에 그들은 내가 30대 후반의 글로벌기업 출신의 임원이란 것을 알고 놀랐다. 하지만 그들은 나의 여행 경험에 더 놀라며 인생의 롤모델로 삼는다고 했다.
매장에서 내가 바라보는 표정과 행동에 따라 대만인들은 물건을 구매할지 안 할지를 결정한다. 결국 제품 하나하나를 손질하고 진열하는 점원들의 노력에 의해 회사의 매출이 생기는 것을 알게 되었다. 요란하고 목소리가 큰 중국인에 대한 편견과는 달리 대만인들은 매우 조용하게 의사소통을 하고 차분하고 꼼꼼하게 업무 처리를 했다. 대만과의 국교 수교 시 대만은 대한민국의 동반자로서 아시아에서 주목받은 국가였다. 의외로 일본 식당이 많고 일본 문화를 동경하며 살아가는 대만인들과 함께 대만의 소소한 음식점과 문화를 경험할 수 있었다.
3주의 매장교육 후에 나는 중국 본부가 있는 상하이로 교육을 받으러 갔다. 거대한 마천루가 맨해튼처럼 하늘을 찌르며 연결되어 있었다. 고급 자동차와 글로벌 회사들이 집결된 상하이는 어느새 글로벌 도시로 성장해 있었다.

'이게 진짜 중국이란 말인가? 이 정도라면 세계 최고의 도시다.'
상하이의 화려한 조명과 야경은 내가 가본 도시에서 1위를 차지했다. 나는 상하이의 매력에 푹 빠지게 되었다.

중국 CCTV에서 방영된 역사 다큐멘터리 〈대국굴기〉에서 미국, 소련, 유럽 등 '강대국의 흥망'에 대해 중국인들이 큰 관심을 갖는 것을 보며 언젠가 중국도 역사를 주도하는 강국으로 성장하겠구나 싶었다. 상하이에서 보니 과거 선조들이 느낀 대국의 위엄을 나 역시 절로 느끼게 되었다. 10년 전, 지저분하고 위험했던 중국의 모습은 온데간데없고 세계의 중심이 된 중국인의 모습을 보니 갑자기 자존심이 상하고 분해서 눈물이 나올 것 같았다.

이웃나라 중국의 초고속 성장과 변화를 간과했다. 중국에 뒤처지는 것도 모른 체 오만한 한국인으로 행세했던 모습이 비굴하게 느껴졌다.

'아, 너무 늦었구나. 그동안 뭐하고 있었던 말인가?'
개방과 개혁 등 시류에 빠르게 적응한 중국은 세계의 공장과 시장이 되어 있었다.

중국의 각 성을 대표한 부동산 개발 담당들이 모여 중국어로 교육을 받았다. 다행히 발표 자료는 영문이라서 이해할 수 있었다. 한 발표자가 내 국적을 한국성(韓國省)으로 부르는 것에 대해 자존심이 상하이 영어로 말했다.

한국을 중국의 소수민족 중 하나인 조선족들이 사는 자치구 정도로 아는 중국인들도 있었다. 한류문화는 철부지 아이들의 관심사로 치부되었다. 소소한 자존심 대결로 발표가 영어로 진행됐는데, 영어를 못하는 일부 교육생들로 인해 효율성은 매우 떨어졌다.

대부분이 공산당이거나 부유층 출신으로 영어와 프랑스어에 능숙했고 급여 또한 한국 수준에 뒤처지지 않는 20대 직원들이었다. 중국의 젊은이들은 이미 세계화되어 있었고 미래에 대한 자신감이 넘쳐났다. 중국 매장에서는 25세의 젊은 점장도 있었다. 40대 부장급으로 구성된 한국의 대형마트 점장들과 비교하면 가히 파격적인 기업문화다.

몇 달 뒤, 다시 상하이 한상협회(OKTA)를 방문해 상하이의 과거와 미래의 설명을 들었고, 차세대 무역회원의 자격으로 합숙훈련도 받았다. 중국에서 활약 중인 조선족 사업가의 강연도 들었는데, 중국 사회에서 주류로 성장하고자 노력하는 그들의 열정을 느낄 수 있었다.

이후 몇 번의 중국 출장과 교육이 계속되었다. 상하이, 베이징,

톈진, 충칭의 비교가 가능해졌고 중국의 매장 현황과 진출 계획 그리고 푸젠어, 광둥어, 하카어의 방언도 이해하게 되었다.

중국 출장은 제주도에 가는 것처럼 편안했지만, 느린 인터넷과 공항 입국수속 지연 등을 볼 때 역시 한국이 사업하기에는 더 좋은 환경이라는 생각이 들었다.

90개국 인종들이 모인 회사

캐주얼 복장에 가벼운 가방을 메고 프랑스로 출장 가는 건 설레는 순간이었다. 자전거를 타고 다니며 파리 시내의 박물관을 구경했다. 눈물이 쏟아질 듯 깊은 감동을 주는 모네의 〈수선화〉와 르누아르의 그림을 보며 문화계급이 상승된 것 같았다. 프랑스의 공기는 나를 자유인으로 만드는 것 같았다. 들뜬 마음에 파리에서 성공한 만화가 친구를 만나 자랑질을 했다가 짧은 지식에 대한 핀잔만 받고 에펠탑에서 혼자 쓸쓸한 하루를 보냈다.

파리 북역에서 본사가 있는 릴로 향했다. 렌터카로 도시 외곽의 샤또를 찾아가 주인의 안내로 노르망디 치즈와 와인을 곁들인 식사를 한 뒤 본사로 출근했다. 차가 막히고 길을 헤매다 교육장소에 늦게 도착하게 되었다.

전 세계에서 온 개발담당들이 임원들의 강연을 기다리고 있었다. 먼저 기업문화를 소개한 동영상과 임원들의 자기소개가 있었다. 노르망디 출신의 수학 선생이라고 소개한 한 강사가 교육생들에게 매직을 주면서 도화지에 자신에 대한 그림을 그려보라고 했다.

나는 태극기, 한국 지도, 삼성 로고, 등산 그림, 나이 숫자, 나침반 그림을 그리고 내 소개를 했다. 대부분 국기의 그림이 많았고 이어서 회사에 대한 퀴즈가 시작되었다.

마치 초등학교 수업 같았다. 다양한 국적의 외국인들이 모여 쉬운 영어와 그림 등을 활용해 의사를 전달하는, 평등하고 편안한 의사소통 방식에 충격을 받았다. 도화지에 매직으로 그림을 그려가며 장난치듯 강의하는 청바지 차림의 강사는 여러 매장을 오픈하며 수십 년을 일해온 베테랑들이었다.

자유 시간에는 스포츠 회사답게 넓은 잔디밭에서 배드민턴, 축구 같은 게임을 했다. 커피를 마시고 게임을 하는 직원들에게 부장님, 상무님, 전무님은 없고 알렉산더, 프랑크, 올리비에만 존재할 뿐이었다. 다국적 회사답게 90개국의 다양한 인종들이 모여 개방적인 분위기를 즐기고 있었다. 복잡한 영국식 미국식 잉글리시를 쓰지 않고 매우 단순한 영어 즉 글로비시를 쓰며 그림이나 이미지를 포함한 발표가 대부분이었다. 최대한 단순하게 말하고, 쉽게 쓰고, 이해하기 쉽게 표현해야지만 다양한 문화로 가득한 회사에서 의사소통이 가능하다.

나의 복잡한 전문용어가 가득한 3장짜리 보고서와 수십 장의 PPT 파일은 3줄짜리 핵심 메일로 줄어들었다. 영어도 매우 쉽고 간단한 표현을 쓰게 되었다.

무슬림을 위한 할랄음식, 채식주의자를 위한 식단들 그리고 프랑스어를 쓰는 이들이 한 사람의 외국인이라도 나타나면 자연스럽게 영어로 말하는 것을 보면서, 과거 한국 대기업에서 양복을 입고 한국인들 사이에서 멍하니 서 있는 수많은 외국인 동료들 생각이 났다.

회사 대표는 배낭을 메고 회사 티셔츠와 청바지를 입고 출근해 회의실을 찾아 헤매고 다닌다. 영상 통화로 회의를 진행하고 구글 메일과 채팅 등을 통해 의사를 교환한다. 형식적인 언어와 표현은 절제되고 실질적인 내용의 숫자와 의사결정이 진행된다. 직급은 의미가 없고 모두가 의사 결정자가 되어 스스로 판단을 내리고 그에 책임을 진다. 담당은 모두 스스로 판단을 내리고 회의는 동의 하에 편한 시간에 정해진다. 실용적인 기업문화와 지속적으로 성장하는 회사는 중국과 BRICs에 초점을 맞춰 진출전략을 수립하고 한국에도 대규모 투자를 결정했다.

교통신호 역시 한국과 달랐다. 신호위반으로 검정색 가죽 점퍼

와 검정 오토바이를 탄 프랑스 경찰 두 명에게 여권을 내보였다. 수많은 비자와 도장을 보더니 놀라며 '도대체 몇 개 나라를 다닌 거냐? 뭐 하는 사람이냐?'며 호기심을 갖고 물었다. 나는 수십 개 국을 방문했으며 릴에 본사를 둔 데카트롱에서 일한다고 말했다.

그들은 프랑스를 어떻게 생각하냐고 묻더니 자신도 같은 회사에서 일했다며 릴에 온 것을 환영한다고 농담하기 시작했다. 한창 유행하는 '강남스타일 싸이'에 대한 이야기를 하다가 경고 조치로 가볍게 넘어갔다. 우리는 기념사진도 찍고 이메일 교환도 했다. 나는 그들의 가죽 재킷이 매드맥스 같다고 하면서 헬멧을 써보기도 하고 재킷을 입어보기도 했다. 호기심 많은 초등학생이 따로 없었다. 그는 한국에 가면 좋은 여자를 소개해달라고도 했다. 대화를 좋아하는 프랑스 경찰은 나를 숙소까지 호위해주었고 멋진 경례를 보내며 사라졌다. 억압하고 통제하는 경찰이 아닌 외국인을 도와주는 친밀한 느낌을 받았다.

24시간 안에 5개국 점프하기

전에 모시던 도지사를 만나러 현 회사의 CEO와 함께 스톡홀름 투자 상담장소로 향했다.

"안 이사님 오랜만입니다. 이제는 투자자가 되어 반대편에 있네요."

반대편에서 통역을 했던 공무원이 외국계 투자자가 되어 한국말로 투자계획 등을 말하고 지사장의 통역을 담당하게 되니 감회가 새로웠다. 과거의 동료들과 함께 행사장을 정리하고 미팅 준비를 도왔다.

미팅이 마무리된 후, 이케아를 처음 소개했던 친구를 만났다. 그는 여자친구와 10년째 동거를 하고 있었는데 스웨덴에선 결혼이나 결혼식이 의미가 없다고 했다. 4명의 아내를 거느리는 중동과 동거하고 아이를 낳는 스웨덴의 문화는 다른 관점의 결혼관을 주었다. 한국 역시도 차츰 자유로운 연애와 출산이 가능한 사회로 진화될 것이다.

이케아 투자를 최초로 담당했던 현지 코트라 직원들과도 만났는데 이케아가 한국에 오픈한다는 반가운 소식을 알렸다.

다음 날 한국으로 가는 비행편이 있는 파리 드골 공항으로 가기 위해 티케팅을 했다.

"뭐라고요? 예약이 안 되었다고요?"

분명 왕복 항공권을 구매했다. 다만 온라인으로 예약하는 통에 월과 날짜를 확인했지만 연도(올해가 아닌 내년이었다)를 확인하지 않은 내 실수였다.

'그래? 신기록을 한번 세워보자. 24시간 내에 여기 스웨덴에서 드골 공항까지 가기. 경비는 최소화하고 모든 교통수단을 사용해서 가보자!'

나는 재빠르게 내게 미션을 주었다.

'이 상황을 어떻게 해결하나 해보지 뭐.'

스웨덴에서 핀란드로 넘어가서 하루를 보낸 뒤 독일로 넘어가고 노르웨이로 이동해 파리에 닿는 일정이라면 비행기 출발 2시간 전에 도착할 수 있었다. 모두 저가 항공편을 이용하는 가장 빠르고 저렴한 방법이었다. 24시간 안에 5개국을 다니는 미친 짓이었지만 일단 핀란드로 넘어갔다. 새벽이 오자 독일행 비행기를 타고 독일로 넘어갔고 기념품들을 구매하고 아침을 먹은 뒤 노르웨이로 넘어갔다. 노르웨이 공항에서 연결편으로 갈아타고 프랑스로 넘어갔다.

아슬아슬하게 공항에 도착한 나는 전속력으로 뛰어 물품보관소에 맡겨놓은 짐을 찾으러 갔다. 출발시간을 한 시간 남기고 대한항공 게이트로 뛰어갔다. 이 비행기를 놓치면 엄청난 손실이 생긴다. 마감 1분 전, 나는 게이트에 도착해 좌석 업그레이드 서비스를 받을 수 있었다. 맥주 한 잔을 마시자 온몸에 힘이 빠지면서 깊은 잠에 빠져들었다. 분명 잠시 눈을 감았을 뿐인데 눈을 뜨니 한국에 도착해 짐을 내리고 있었다.

'젠장, 또 비즈니스 클래스의 식사는 맛도 보지 못했네!'

나는 지금까지 '1등 노예'로 살았다.

하층계급은 상층계급에 칼을 겨누지 않는다.
대신 모방하고 흉내 내고자 한다.
- 소스타인 베블런

보르도로 건너가 보르도 와인축제에서 밤새도록 와인을 맛보았다. 우연히 인사를 건넨 프랑스인이 친구들에게 소개해주며 모임에 합류하게 됐는데 나중에 알고 보니 열여덟 살 대학생들이었다. 어쨌든 놀다 보니 나 역시 10대가 된 양 보르도 광장에서 기차놀이를 하고 강남스타일 노래에 맞춰 강남스타일 댄스를 보여주었다. 지나가던 프랑스 여인들이 볼에다 뽀뽀를 해주면서 함께 즐거워했다. 거리를 점령했던 대학축제처럼 프랑스 술꾼들은 밤새도록 와인에 취해 살아 있음을 기념했다.

'이게 바로 이들이 말하는 주아 드 비브르(joie de vivre, 삶의 기쁨)이구나.'

나는 보르도의 와인에 취해 프랑스 젊은이들과 길에서 춤을 추며 놀고 있었다. 그동안 타이틀과 보이기 위한 삶에 집착하고 상류사회를 흉내 내려는 자랑질과 허세를 떨었던 내 속물근성이 부끄러워졌다.

'내가 행복하지 않은데 어떻게 남을 행복하게 하겠어? 난 1등 노예가 아니야. 남을 위한 상품이나 남에게 평가받기 위한 껍데기 삶은 살지 말자.'

최고급 와인과 보르도의 와이너리 투어를 과시하려던 나의 천박한 차별화는 보르도 와인의 당도와 알코올에 섞여 사라지고 말았다. 난 남에게 보이기 위한 허세를 마셨던 것이다.

프랑스의 하층민들은 상류층들을 모방하는 대신 사회를 변혁시키는 시도를 했다. 그리고 왕과 귀족들이 즐기는 문화를 대중화시키며 하층민들 역시 상류층들의 와인, 스포츠를 즐기며 자신들을 위한 국가를 만들었다. 그들은 평생 누군가에 자랑하거나 인정받기 위해 1등 노예로 살기보다는 삶의 주인으로 개성과 다양성을 강조하며 살아가고 있다.

남을 위해 성형을 하기보다 못생긴 외모를 자랑하고, 작은 키와 사투리, 지방 출신을 자랑스럽게 여기며 와인들을 즐기고 있었다. 1류 대학을 가기 위해서 입시에 미쳐 살던 생활, 영어를 시험공부로 하던 시절, 남에게 보여주기 위한 여행, 돈을 벌어 경제적 성장을 위한 재테크에 미쳐 있었다. 연봉인상을 위해 미친 듯이 일을 하고, 대기업에서 승진과 인사평가를 위해서만 살아왔다. 어쩌면 쇠사슬을 자랑하기 위해 다른 노예보다 더 잘나가야만 했다.

새로운 시작을 준비하는 프랑스 회사의 한국 직원으로서 엘리트 스포츠가 아닌 대중 스포츠가 우리나라에 자리 잡도록 경험과 전문성을 활용하는 사람이 될 것이다.

수많은 아르바이트생들이 매장에서 일하면서 프랑스의 오랜 투쟁을 통해 얻은 자유와 삶의 기쁨에 대해 배운다. 나 역시 1등 노예가 아닌 삶을 즐기는 주인으로 살기 위해 뭐든 더 배워야 한다.

'그래, 이제부터 나는 진짜 데카트로니안(Decathlorian, 데카트롱 사원)이다.'

프랑스 출장을 다녀온 뒤 나는 아시아 행복 지수 1위의 나라 부탄으로 향했다.

도대체 무엇이 1인당 GDP가 6,000달러 정도인 이들을 행복한 국민으로 만들었는지 궁금했다. 부탄 여행을 위해서는 하루 250달러의 체류비를 관광세로 선납하고, 부탄 항공사만을 이용해야 했다. 방콕을 거쳐 부탄행 비행기가 착륙하고 승객들이 공항에 내리기 시작했다.

"불교 정토국, 부탄에 오신 것을 환영합니다."

인구 75만의 부탄은 신비로운 왕국이었다. 영국에서 독립한 부탄은 2008년 입헌군주제로 권력을 양분시켰다. GNH(Gross National Happiness, 국민 총행복지수)를 만들어 경제 성장 대신 국민의 행복의 성장을 목표로 아시아에서 가장 행복한 국민으로 평가받고 있었다.

부탄의 전통 음식은 밥과 함께 매운 고추로 시작되어 고추절임, 고추치즈볶음, 고추소스와 고추튀김 등 입 안이 얼얼하게 강도 높은 캡사이신으로 배 속을 고통스럽게 했다. 빠상은 부탄인이 행복한 이유가 매운 음식을 먹고 난 뒤의 엔도르핀 때문이라고 웃으며 말했다.

도시에는 광고판이나 신호등이 존재하지 않았다. 조용하고 한적한 수도, 차분한 사람들이 전통의상을 입고 소박한 음식을 먹으며 종교적인 삶을 살고 있었다.

인도에서 태어난 불교는 티베트에서 번성했지만 인도는 힌두교로 변해버렸다. 티베트는 중국의 지배를 받으며 티베트불교의 색채가 엷어졌다. 자기만의 색깔을 갖춘 최후의 불교 왕국인 부탄은 쉴 새 없이 달려왔던 나를 안온한 휴식 속으로 들어가게 해주었다.

그동안 나는 물질적 성장, 남이 원하는 성공을 위해 미친 듯이 달려왔다.

'무언가 배우기 위한 여행, 남에게 보여주기 위한 여행, 남을 위

한 여행만 해봤지 정작 나 자신을 위한 여행을 한 것은 아니지 않은가?'
'난 도대체 무엇을 위해 여행하는 것인가?'
'인간은 행복을 추구하기 위해 세상에 왔고 그 행복을 찾기 위해 나는 여행을 한다.'

부탄은 영국을 포함한 많은 나라의 경제적 원조를 받는데 그 상당 부분을 국비유학에 투자하고 그들이 돌아와 국가에 이바지한다고 했다. 미국에서 명문 대학원을 졸업하고 고액 연봉자로 경쟁적으로 살아가는 미국에 회의를 느끼고 가족과 함께 느린 삶을 택한 부탄 친구들을 보면서 이들의 행복의 기준은 확실히 다르다는 생각을 했다.

전 국토가 금연이고, 술도 제한적으로 판매되며, 첫눈이 내리는 날이 국가공휴일로 지정된 부탄이야말로 맥도날드와 스타벅스가 없어도 훨씬 행복하고 여유 있어 보였다.

'우리도 잘살게 되었지만, 과연 '잘 살게' 되었을까? 왜 사람들은 끊임없이 경쟁하고, 성공을 위해 중요한 걸 희생하면서 사는 걸까?'

나는 버트런드 러셀의 〈행복의 정복〉을 읽으며 안면마비와 불안감, 질투와 죄의식 등에 갇혀 있는 나를 발견할 수 있었다. 현대인들에게 사라진 전통과 삶의 여유를 부탄에서 느낄 수 있었다.

다르마(Dharma, 진리), 카르마(Karma, 인연)에 대한 이야기들을 들으며, 제정일치의 불교사원과 박물관을 방문하며 지냈다. 나는 마치 부탄에 사는 사람처럼 마음의 휴식을 취하고 있었다.

자기연민 때로는 자아도취로 가득한 나의 감정들은 새로운 친구와 멋진 생각들로 채워져 가며 행복의 과정을 경험하고 있었다. 부탄에서 나의 집착과 경쟁의식은 고요하게 가라앉았다.

'나는 더 이상 누군가를 위한 노예가 아니다, 나는 평온한 마음을 가진 삶의 주인이다.'

'옴 마니 반 메훔(연꽃처럼 살고파, 우주의 지혜와 자비가 내 마음에 퍼진다).'

또
다시
실업자가

되다

'아, 그럼 회사가 철수하는 겁니까?'

2년간 한국 시장을 검토하던 회사는 한국의 높은 지가, 복잡한 매장운영, 높은 인건비 등으로 파트너십을 통한 시장진출로 전략을 바꾸고 협상을 진행하고 있었다.

그런데 갑자기 본사에서 한국 철수를 위한 마지막 미팅이 진행된다고 했다.

중요한 의사결정을 남겨두고 한국 지사장은 프랑스로 떠났고 남은 직원들은 본사의 최종 결정을 기다려야 했다. 시장 철수라는 초강수 카드를 놓고 모두 불안한 상태였다.

나 역시 불안감을 식히고 또 다른 사업기회를 찾기 위해 가족과 함께 러시아, 영국, 프랑스, 팔라우 여행을 떠났다. 프랑스에서 돌아온 지사장은 본사의 결정을 통보했다. 본격적으로 한국 시장의 철수가 결정되었다.

잠이 오지 않았고 불안감에 여기저기 이력서를 내보았다. 어차피 아무것도 없이 시작했고, 사기도 당해봤고, 직장 없이 지내기도 했다. 몇 군데의 인터뷰와 퇴직 위로금 협상이 시작되었다.

다시 직장생활을 하고 싶지 않았지만, 끊임없이 여행과 도전을 통해 다양한 경험을 해둔 터라, 바로 사업 아이템을 찾기 시작했다. 부탄에서 비자 발급권을 받아놓은 터라 부탄 여행 사업을 하기로 했다. 사업을 구상하던 중 네팔 히말라야 여행에 참가하게 되었고, 부탄 여행을 기획했다. 직장이 없어지니 오히려 다양한 사업 기회가 생기고 여행의 기회가 생겼다.

한국 사업을 포기할 수 없다. 나는 사업전략 기획안을 작성하고 한국 사업을 하기로 했다. 그 사업 제안서를 오너와 주주, 기업 최고 책임자들에게 보냈다.

'그래. 이제는 사업가가 되는 거야.'

9회말 역전 만루홈런

"난 네 번이나 자살을 시도했고 대학입시를 6번 봤습니다. 공무원을 하면서 입원했고, 대기업에선 안면마비가 왔습니다. 난 그 이유를 스포츠를 즐기지 않았던 아버지의 삶을 따라 운동을 하지 않아 몸이 안 좋아졌고, 성공과 출세만을 향한 기업문화에서 스트레스를 받았기 때문이라고 생각합니다."

"2년 전엔 달리기도 하지 않던 제가 지금은 낚시, 스키, 스킨스쿠버 그리고 마라톤까지 합니다. 그건 저렴하게 공급되는 다양한 스포츠 용품 덕분이라고 생각합니다. 저는 스포츠를 사랑하는 프랑스인들처럼 명품과 과시 중심의 한국 스포츠 문화를 바꾸고 싶어서 이 회사를 선택했습니다. 한국 투자가 철수된다면 제가 투자하고 사업을 맡을 테니 모든 라이선스를 제게 주십시오."

직원 6만 명, 매출 11조가 넘는 프랑스 회사 CEO를 단독으로 만나 나는 내 삶과 한국 사업계획을 한 시간 동안 설명했다. 3개월간 작성한 200쪽이 넘는 사업전략 기획안을 전달한 뒤였다.

CEO는 한참 나를 바라보더니, 갑자기 크게 웃기 시작했다. 그리고는 나에게 제안했다.

"한국 사업을 완전히 포기한 건 아니네. 당분간 온라인 사업으로 진행할 것이네. 하지만 한국 사업권은 줄 수 없네. 가능성이 열려 있지만 다만 때가 아니라고 생각하네. 난 당신이 이 회사에 남아야 한다고 생각하네. 한국 개발은 중단했지만 우리 회사는 동남아 시장을 검토하고 있으니 동남아 개발 총괄을 맡아주게."

한국 사업도 온라인 사업으로 살아났다. 나는 동양인 최초로 프랑스 회사의 동남아 개발 총괄을 제안 받는 순간이었다. 희망이 생겼다. 나는 새로운 나라에서 더 큰 도전을 시작하게 되었다.

'그래, 가자. 싱가포르나 말레이시아로 가서 매장 개발과 파트너십을 진행하게 된다. 이제 동남아에서 살게 될 것이다!'

오르막이 있으면 내리막도 있지

> 삶은 살 만한 가치가 있다. 만약 기회가 주어진다면
> 기꺼이 이런 삶을 다시 한 번 살겠다.
> – 버트런드 러셀

한국 철수 결정으로 구상한 사업 중에 부탄 여행이 있었다. 한국의 등산가들과 접목한 트레킹과 문화체험 여행을 구상했다. 하나투어에서 상품기획을 담당하고, 여행사를 운영하는 이영근 대표와 함께 부탄 사업을 구체화하던 중이었다. 그가 진행하는 '네팔 히말라야 프로젝트'에 공석 하나가 생겼고 2주 뒤에 히말라야로 떠난다는 연락을 받았다. 나는 트레킹에 필요한 등산장비와 일정, 수익모델과 기획 등을 짧게 경험하고 한국에 돌아오는 조

건으로 동행하기로 했다. 네팔 히말라야를 다녀와야 부탄 히말라야 투어를 기획할 수 있었다.

나는 여행과 마라톤으로 무릎이 망가진 상태여서 더 이상의 등반은 무리라는 진단을 받았고, 등산을 오랫동안 하지 않은 등산 문외한이었다.

10년 전 회사에서 간 베트남 단체여행 이후, 처음 만나는 사람들과의 단체 여행은 어색하고 불편했다. 카트만두 상공에서 비행기가 선회하는 동안 눈에 들어온 히말라야는 정지된 다큐멘터리 화면 같았다. 맑은 하늘 아래 해발 7,000미터가 넘는 설산들은 과연 신들이 사는 공간이었다.

네팔에 도착해서 현지 음식을 손으로 먹었다. 인도 분위기의 네팔은 답답한 마음을 녹이기 시작했다. 트레킹이 시작되면서 무릎 통증이 가중돼 일행에게 불편을 주지 않을까 노심초사했지만 음악을 들으며 후미에서 걷게 되었다.

롯지에 도착해 저녁을 먹는데 비바람과 낙뢰가 시작됐다. 새벽에 소주를 마시고 내가 동생을 깨워 동생이 사고를 당한 것이라는 죄책감 이후로 나는 9년 동안 숱한 소주 권유를 매몰차게 거절해왔다. 대신 미리 챙겨온 위스키를 모두에게 권했다. 나는 내일 하산할 계획이니 처음이자 마지막 밤을 기념하자고 술잔을 기울이는 순간 정전이 됐다.

3장
그래 떠나, 안도현처럼

우리는 랜턴을 켜고 모여 앉아 노래를 불렀다. 나는 이문세의 '파랑새'를 불렀고 모두 춤을 추기 시작했다. 비가 쏟아지는 깜깜한 롯지 안에서 술잔이 오가며 서로의 첫 번째 등반을 축하하고 노래를 즐겼다. 처음엔 어색했던 나 역시 조금씩 동화되었다. 화톳불에 모여 네팔인의 춤을 함께 추면서 나는 긴장된 심신을 이완시킬 수 있었다.

멀리 보이는 설산은 2002년 히말라야의 폭우로 고립되고 고생했던 기억을 잊게 했다. 한국 음식을 해주는 네팔의 요리사들과 내 배낭을 들어주는 포터 덕에 조금씩 일행과 친해지면서 그들의 사연과 인생을 들여다볼 수 있었다. 그 사이 4,000미터의 안나푸르나 베이스캠프에 이르렀다.

고산병 증세가 나타났다. 베이스캠프에서 나는 내 얼굴을 덮은 비닐봉투를 찢으려는 환영과 뼛속까지 시린 지독한 한기에 시달렸다. 심장이 멈춘 듯 숨이 쉬어지지 않아 이대로 죽을 것 같았다.

'그래, 원 없이 여행했고 원 없이 경험했다. 20년 전 강원도에서 정신을 잃었을 때 난 이미 죽은 거였다. 지금까지 살게 해준 신께 감사한다. 이제 나는 죽어도 좋다. 열심히 살았고 후회도 없다.'

나는 내가 살아온 과정을 돌아보며 안나푸르나에 오르는 순간순간을 즐겁게 보내려고 했다.

그러다 보니 안나푸르나 베이스캠프에 도착했지만 죽음이 다가

오는 것 같아 불안했다. 정상도 아닌 베이스캠프에서 힘들어하는 것이 창피해 태연한 척 하늘을 올려다보았다.

햇살이 비치며 장엄한 안나푸르나의 일출이 시작되었다. 태양은 하늘을 불태우고 수증기가 올라가 창공에 무지개를 만든다. 세상을 다 덮어버리는 놀라운 파노라마였다. 카메라를 가져가지 않아 내 눈으로 사진을 찍으며 변하는 영상을 머릿속에 저장했다. 나만의 사진집에 저장된 입체 영상이 완성되었다. 신기하게도 모든 통증과 공포가 사라지고 머리가 맑아졌다. 무릎의 통증도 약해지고 모든 걸 내려놓은 채 하산 준비를 했다.

'그래 이제 내려갈 때다. 이만하면 괜찮다. 천천히 내려가자.'

나는 히말라야 프로젝트의 일행들과 형, 동생이 되어 차가운 맥주를 마시며 뜨거운 온천에 몸을 녹였다. 다시 비릿삐릿삐릿 파랑새가 흘러나오기 시작했다.

네팔 히말라야 여행을 마치고 바로 부탄으로 향했다. 사업가들로 구성된 멤버들을 이끌고 부탄 히말라야 트레킹을 시작했다.

조모하리의 베이스캠프에서 2박을 하고 수도인 팀푸와 푸나하를 방문하는 일정으로 항공편, 비자, 경비, 숙소, 등반코스 등을 준비했다. 혹시 모를 고산병에 대비해 헬기편도 알아봤고, 비상용품과 현지 난방장치도 점검했다. 여행의 콘셉트와 스토리는 '꽃보다 부탄'이라는 부제와 함께 타임머신을 타고 추억 만들기로 잡

앉다. 다시 해발 4,000미터의 베이스캠프를 향해 트레킹을 시작했다. 해가 지고 나니 다시 추위와 고산병이 몰려들기 시작했다.

'멍청한 놈, 안나푸르나에서 그 고생을 해놓고 또 여기서 자다니. 메멘토보다 더한 놈이다. 제발 따뜻한 태양, 해야 빨리 떠라!'

스머드는 냉기에 온몸을 부비며 밤새도록 떨고 있었다. 네 명 모두 고산병이 와서 창백한 채 구토를 계속하는데 파킨슨병이 있는 사모님의 상태가 악화되기 시작했다. 나 역시 머리가 깨질 듯 아팠다. 밤새 개들이 짖어대고 말들이 울었다.

'그래 버티자. 새벽은 온다. 안나푸르나에서도 아무 일 없었으니 시간만 가면 된다.'

나는 내 인생에서 일어났던 일들을 떠올리며 정신을 집중해 육체의 고통을 잊으려고 노력했다.

아침에 일어나 보니 표범 발자국이 텐트 주변에 가득했다. 말들을 지키는 개들이 밤새 짖어댄 이유를 알게 되었다. 자연 그대로의 생태계가 존재하는 부탄은 말 그대로 야생이었다.

야크와 표범들의 발자국이 넘쳐나는 산 정상에서 다시 일출을 바라보았다. 며칠을 더 머물려는 최초의 계획과는 달리 바로 하산을 결정했다. 남들은 정상을 향해 올라가지만 정작 고산병이 가득한 곳에서는 단 하루의 시간도 힘들고 고통스러웠다.

대기업 대표가 되기 위해 수많은 이들이 묵묵히 하루하루를 참고 살아간다. 권한과 권력을 얻고 사회적 지위와 명예를 얻기 위해 치열한 경쟁을 이겨내며 결국 최고의 자리에 오른다. 하지만, 과정을 즐기지 않고 목적을 위해 동료들을 희생시키고 자신의 가족과 자신의 삶을 희생시키며 오른 정상은 결국 몇 년을 버티기에도 힘든 치열한 정상의 자리가 있다. 그리고 언젠가는 내려와야 한다. 가족의 인정, 동료들의 칭찬과 존경을 받지 못하고 초라하게 내려오며 그 짧은 정상을 위안삼으며 술자리에서 과거의 영광을 기억하는 지도자들을 많이 보았다. 어쩌면 과정을 중시하며 오르다보면 자신도 모르게 정상에 오른 자신을 발견할 것이고, 순리대로 내려올 때가 되면 다시 내려오는 과정을 즐기면서 인생을 마무리하는 삶이 더 가치 있다. 네팔과 부탄의 히말라야 트레킹을 통해 나는 또 하나의 깨달음을 얻었다. '오르막이 있으면 내리막이 있다. 목표가 아닌 과정을 즐기면서 살아가자.'

그래도
여행과
도전은

계속된다

수년간 살아온 한국을 떠나 새로운 도전을 시작한다.

그동안 못했던 수중 다이빙에 도전하기로 했다. 보라카이로 향했고, 여행사 경력과 다이빙 강사자격이 있는 동생에게 다이빙을 배우기로 했다. 이론 공부를 마치고 오픈 다이버 자격 취득을 위한 다섯 번의 잠수 연습을 했다.

깊이 들어갈수록 압력이 커지면서 몸이 굳고 숨이 가빠졌다. 연습 후에는 바다로 가서 진짜 다이빙을 하기로 했다. 무거운 공기통을 뒤로하고 머리를 차가운 바다 속에 집어넣는 순간, 엄청난 압력과 함께 수중세계의 화려한 산호초와 알록달록 색색의 물고기들이 눈앞에 나타났다.

"우~~ 오~~, 아~~!"

마스크를 쓰고 탄성을 질렀다. 심장이 터질 듯한 깊은 공포와 긴장 속에 숨을 들이쉬며 조금씩 빠져들었다. 산호초들이 손에 잡힐 듯이 들어왔고 물고기들이 유유히 다이버들 사이로 지나갔다. 물속 세상은 그동안 보지 못했던 새로운 도시와 마을을 보여주었다.

'이런 수중세계를 보지 못하고 세상을 마감하면 얼마나 안타까울까?'

갑자기 20살 즈음 강원도의 눈밭을 걷던 기억이 떠올랐다.

'왜, 나는 초라하게시리 죽을 생각만 했을까?'

다양한 생명체와 화려한 색채의 장관을 보니 이런 생각이 들었다. 모든 생명체는 자신만의 색깔이 있고 그것을 뽐내는 기회를 가져야 한다. 한 마리의 물고기도 자신만의 개성이 있듯이, 인간 모두는 각자의 개성을 뽐내며 자신의 삶을 힘껏 살아야 한다.

수중공간에서 나는 내 인생의 마지막 순간을 생각했다. 만약 암에 걸려 시한부 삶을 살게 된다면, 병원에서 보내는 최후가 아닌 가장 아름다운 곳에서 마지막을 보내겠다는 생각, 장비를 메고 가장 아름다운 다이빙 명소로 가서 공기가 다 떨어질 때까지 놀다가, 영화 〈그랑 블루〉처럼 돌고래를 따라서 깊고 깊은 심해로 빠져들 것이다.

그러니 죽기 전에 그런 곳을 찾아야 한다. 나는 바로 그곳을 부단히 찾아야 한다.

여러 생각들로 뇌가 가득 찰 무렵, 차가운 쇳소리가 귀에 가득했다. 그 소리는 다이빙 강사가 집중하라고 보내는 신호였다. 강렬한 눈빛으로 정신을 놓은 내게 긴장하라는 메시지를 보냈다. 수영도 제대로 못하고 아직 공기통 교환과 감압 계산도 서투르다. 공기압을 보니 빨간색에 도달했다. 공기가 얼마 남지 않았다. 그렇다고 갑작스럽게 올라가면 압력 차이로 고막이 터질 수도 있으니 일정 수준의 압력에서 감압을 하고 조금씩 올라가야 한다.

다행히 공기를 지원받고 첫 번째 다이빙과 두 번째 다이빙까지 마쳤다. 다음 날 남은 테스트를 마치고 오픈다이버 자격을 취득하게 되었다.

보라카이의 황홀한 석양과 달콤한 샴페인, 눈앞에 화려하게 펼쳐졌던 수중의 비경, 30대의 마지막을 보내는 동생들과 함께 보라카이의 음악에 취했다.

새로운 세상을 볼 때마다 한 번뿐인 인생, 살 만한 가치가 있다고 감동하게 된다. 나는 숨 쉬고 있음과 살아있음에 감사하며 순간순간을 후회 없이 즐기기로 했다.

다시 여행을 시작했다. 나는 무작정 가족들과 팔라우로 떠났다. 태평양의 팔라우는 해양 생물과 다이버의 천국으로 다이버들이 손쉽게 만타가오리와 상어들을 목격할 수 있는 곳이다. 첫 다

이빙을 하자마자 몰려드는 상어들로 몸이 굳어버렸고, 물속에서도 급한 물살에 휩쓸려 고립된 나를 보조 다이버들이 구해줬다. 나는 다소 소극적인 모습으로 가오리와 대왕조개들을 관찰하며 새로운 수중 영토를 만끽했다.

가족과 함께한 해파리 호수는 독성 없는 해파리들이 서식하는 곳으로 가벼운 스노클링을 즐길 수 있는 곳이었다. 해파리들과 함께 나는 잠시 세상을 잊을 수 있었다. 나중에 팔라우에서 다이빙을 하다가 만타가오리와 상어들과 함께 세상을 뜨겠다는 생각을 했다.

'그래, 내가 사는 세상은 이렇게 파랗고 투명한 물속이야. 이 모든 물고기들은 나를 위해 이 세상에 있고 내가 숨 쉬는 곳이 내 세계지. 내가 숨을 쉬지 않으면 이 세상은 사라져버려.'

'이 세상의 모든 나라와 사업기회는 모두 나의 도전을 기다리고 있다. 나는 다시 도전해야 한다.'

'그래 떠나자 동남아로.'

동남아 매장 오픈의 진기록

"살라맛 파기(안녕하세요). 아임 도리안(I'm Doryan)."

"현재 프랑스 회사에 근무하며 동남아 개발 담당으로 말레이시아에 거주합니다. 미국과 인도에서 공부했으며, 공무원과 삼성, 보험회사 등에서 일했습니다. 72개국을 방문했고 5개국에서 살았습니다. 앞으로 나는 이곳에 회사를 설립하고 매장을 오픈할 것이며 4천명의 직원들을 채용할 겁니다."

수염을 기른 한국인이 말레이시아 악센트의 영어로 자기소개를 하니, 말레이시아 공무원과 개발업체의 사장들이 큰 관심을 가졌다. 투자청 미팅에서 나는 현지인의 모습과 행동을 하며 한국의 투자유치 업무 경험 등을 얘기했더니 말레이시아 공무원 대상으로 한국 기업 진출 전략에 대한 강연을 해달라는 요청을 받았다. 무뚝뚝한 말레이시아 사람들이 한국 기업을 유치하기 위해 필요한 내용을 전해달라는 것이었다. 나는 싱가포르와 말레이시아의 비교, 한국의 투자유치업무 매뉴얼과 프로젝트 그리고 해외 진출전략 등을 설명하며 한국 문화에 대한 개요를 설명했다.

"한국은 재벌문화가 있고 직위와 타이틀에 대한 서열과 회의 문화가 있습니다. 중요한 정보는 술자리에서 나오고 본심을 쉽게 드러내지 않습니다. 젊은 직원들을 따로 만나 사장의 진짜 본심을 파악해야 합니다. 한국인은 자존심이 세지만 마음이 약해 결국 끊임없이 지속적으로 연락하면 미팅을 해줍니다. 중요한 것은 대표의 마음에 들어야 합니다. 그들의 열등감을 공략해야 합니다. 그들이 왕이며 귀족인 것처럼 대하면 그들은 마음을 열기 시작합니다."

나는 혼자였다. 철저한 시장조사와 준비를 통해 주재원을 파견하는 삼성과는 달리, 이메일 한 장으로 말레이시아에 가족들을 데리고 도착했다. 아무도 없이 혼자서 당장 사무실을 오픈하고 비자를 신청하며 사업 라이선스와 법무, 회계, 채용 등을 진행해야 했다. 시장분석과 프로젝트 발굴을 병행하며 빠른 시일 안에 매장을 오픈했다. 지역별 진출 전망, 경쟁사 분석과 가격조사를 하고, 부지 가격 협상 및 계약서 조율도 진행했다. 시간과의 싸움과 전략 수립의 두뇌업무가 계속되었다. 현지 생활에 대한 답답함과 지루함 그리고 더위와 불면의 날들이 계속되면서 스트레스는 커져갔다.

프랑스인들은 아시아인 최초의 개발총괄에 대한 불안과 걱정이 커져 나의 실수와 실패를 기대하는 것처럼 강한 의심과 간섭으로 대하기 시작했다. 보통 1년 버티면 잘 버틸 거라는 말이 오고갔다.

'그래, 한번 미치도록 해보자. 어쩌면 내 인생의 마지막 기회가 될지도 모르니까. 그동안 나를 무시했던 모든 이들에게 진짜 숨은 실력과 능력을 보여주자.'

그동안 나는 수없이 많은 나라를 맨몸뚱이로 다녔다. 새로운 지역과 새로운 사람들을 만났고, 현지 음식과 문화를 익히며 그들처럼 생활했다. 내가 그 나라에 도착한 순간부터 현지인처럼 생각하며 그들에 대해 이해하고 배우려는 시도를 해왔다. 그 경험은 시장에 대한 다른 차원의 접근이 되어 소비자의 구매패턴, 마케팅 형태, 라이프스타일, 소비형태로 연결된 시장전략이었다.

또한 나는 수많은 회사들에 대해 새로운 도전을 했다. 어느 회사든 텃세가 있었고 기업문화와 철학이 있었다. 오너가 원하는 것들을 파악하고 동료들과 최고의 팀워크를 발휘해야 한다. 의사결정과 시스템을 빠르게 파악하고 적용해야 한다. 보험회사에서 고객응대, 영업전략, 마케팅, 투자기법을 익혔고 법무법인에서는 계약서 작성과 검토, 클라이언트 협상을 익혔다. 공무원을 하면서 투자유치, 공공정책과 의사결정방안, 해외출장과 의전을 익혔으며 연구원을 하면서는 연구보고서 작성 기술을 익혔다. 삼성물산에서는 해외진출전략, 프로세스, 플랫폼과 관리역량을 키웠다. 나의 이런 새로운 도전의 경험은 혼자서 열 명이 넘는 직무를 해결하는 초인적인 역량을 발휘하며 다양한 문제를 해결하게 도와주었다.

말레이시아 생활 1년. 나는 동남아 진출 전략을 수립하고 회사를 설립했다. 해외 진출 사상 가장 빠른 매장 계약을 체결했다. 태국 매장 5개, 싱가포르 매장 2개, 말레이시아에 매장 1개가 확정되면서 동남아 팀은 회사 역사상 가장 빠른 해외 매장 오픈의 진기록을 세울 수 있었다.

　프랑스인들과 중국인 그리고 말레이시아인들에게 능력 있는 한국인의 역량을 보여줄 수 있었다.

　'그래, 난 떠나왔고 항상 도전했다. 어떤 어려움이 와도 해결할 수 있다. 난 안도현이니까.'

| 에필로그 |

떠나지 않으면 보이지 않고
걷지 않으면 도착할 수 없다

1989년. 이리중학교 전교조 퇴직교사가 마지막 수업을 마치고 운동장을 걸어갔다. 〈죽은시인의 사회〉에 나오는 키팅 선생님처럼. 수많은 학생들이 뛰쳐나갔다. 학생주임의 몽둥이가 두려워 침묵하는 아이들과 외면하는 아이들, 범죄자 취급을 하며 등을 돌린 아이들도 있었다. 하지만 우리는 교실을 뛰쳐나갔다. 그리고 선생님의 마지막 뒷모습을 지켜보았다. 그분은 나와 동명이인의 시인이었다.

동료 선생님이 "안도현"이라고 부르면 선생님과 내가 동시에 쳐다보았고, 안 선생님은 나에게 이름을 바꾸라며 꿀밤을 먹이곤 했다. 나는 변산이나 전주의 장터, 서울의 강연장에서 그를 멀리서 지켜보았다.

나는 고등학교 시험시간에 커닝 오해를 받아 선생님께 답안지를 찢기고 싸대기를 맞았다. 억울해서 통곡을 했고 첫 중간고사 시험에 백지를 냈다. 3년 동안 나는 백지를 냈고 내신은 꼴찌였다. 서울로 대학을 가고 싶어 여섯 번을 시험 쳤다.

나는 일본식 교육을 받은 일부 교사들로부터 귀싸대기, 원산폭격, 발로 채이고, 발바닥을 맞았다. 군대에서는 1달 일찍 입대한 선임들에게 존댓말을 하며 수많은 폭력 사건을 경험하고 순종적으로 사는 게 진리라고 생각했다. 한국에서 살려면 윗사람을 공경하고 아랫사람에게 모범이 되는 삶을 사는 것이 최선이라고 생각했다.

인생의 낙오자가 되어 아무런 희망이 보이질 않았을 때, 나는 윗사람에게 피해가 되지 않고 아랫사람에게 무시당하지 않기 위해 조용히 이 세상에서 꺼져주는 것이 사회를 위한 것이라고 생각했다. 그때 나는 강원도로 떠났다.

부모님 사업이 망하고 동생에게 큰 사고가 나고 25살의 아무런 비전이 없는 나는 미국으로 떠났다. 그리고 한 사람을 만났다.

유력한 사업가인 그가 나에게 "너는 무한한 잠재력이 있다. 이곳까지 나를 만나러 온 사람은 많지 않았다"며 진심으로 희망의 메시지를 전해주었다.

그는 '배우는 것을 두려워하지 말라'는 충고를 하면서 많은 것을 가르쳐주었다. 그래서 미국을 여행하고 세계를 다니며 끊임없이 배웠다. 많은 멘토들을 만났고 많은 책을 읽었다. 나는 더 이상 약한 청년이 아니었다. 남들이 부러워하는 직장을 떠나 새로운 도전을 했다. 외국 회사로 옮기면서 나는 글로벌 문화에서 살아남는 법을 배우게 되었다. 프랑스인들이 영어로 대화하고, 다양한 문화를 수용하여 젊은 세대들이 기업의 주인이 되는 시스템을 만들었다. 그렇게 세상을 여행하고 새로운 직장에 도전하면서 나는 가능성을 보기 시작했다.

세계의 다양한 삶과 문화, 그리고 배경지식을 얻었고, 새로운 직장을 통해 나의 가능성과 미래를 보았다. 이 모든 것이 내가 떠났기 때문에 가능했던 것이다.

프랑스 회사의 동남아 담당으로 중국인 사장과 함께 말레이시아에서 중국계, 인도계 말레이시아인들과 협상을 하며 영국식 악센트와 미국식 발표를 한다. 네팔인 경비와 인도네시아 청소부를 뒤로하고 네덜란드인이 설계하고 싱가포르가 투자한 집에서 산다. 미얀마인과 필리핀인이 서빙을 하고 멕시코인과 인도인이 만드는 음식을 먹으며 미국계 회사의 프랜차이즈 커피숍에서 스리랑카의 차를 마신다. 한국인들을 만나 이야기할 기회가 거의 없고 한국 음식을 먹어본 지도 오래다.

2015년 여름, 나는 한국을 방문했다. 후덥지근한 습기와 도시의 피로, 메르스의 충격과 세월호의 여파로 무거운 여름이었다. 안이 힘들수록 밖으로 떠나야 한다는 게 내 지론이다. 떠나서 노동자도 되어보고, 현지인과 사랑에 빠져도 보고 투자도 하고 세계 시민이 되어야 한다.

좌파는 미국에 가보고, 우파는 북한에 가보고, 기독교인은 중동으로, 불교인은 유럽으로 여행을 떠나보라. 가난한 이는 더 가난한 나라로, 부자들은 더 부자나라로 여행을 떠나고 그들처럼 입고 생활하면서 한국의 미래를 바꿔야 한다. 이제는 여행의 질이 좀 달라져야 한다. 자신만의 여행루트를 찾고 자신이 생각하는 여행을 만들어가는 여행의 주인이 되어야 한다.

이제 곧 동양의 시대가 다가오고 한국은 당당한 주인이 될 수 있다. 더 이상 "가만있으라"는 말을 듣고 하나뿐인 당신의 인생을 누군가에게 희생당하지 마라. 배우는 것을 두려워하지 말고, 시작하는 때와 마무리 짓는 일을 망설이지 마라. 내적 불안을 여행과 독서에서 해결하고 시스템의 노예가 되지 않도록 성장하라.

나는 언젠가 100개국을 방문할 것이고 도전과 진화를 멈추지 않을 것이다. 도전을 향한 모든 과정을 즐기며 손자들에게 밤새도록 이야깃거리를 들려주는 노년 또한 즐길 것이다.

떠나지 않으면 보이지 않고 걷지 않으면 도착할 수 없다. 바로 눈앞에 있는 한 발자국을 가다 보면 어느새 그곳에 도착해 있을 것이다. 그러다가 언젠가 내려올 것이다. 그러니 지금 걸어가는 당신의 모든 발걸음은 행복이고 축복이다.

지치고 힘들어 자신을 쓸모없는 인간이라고 생각하는 이에게 이 책을 권하고 싶다. 절대로 누군가가 만들어놓은 시스템에서 희생당하지 마라. 세상을 향해 떠나고 도전하면서 자신만의 시스템을 만들어야 한다.

인생의 실패자였고 크게 나은 점은 없지만, 인생에 대해 끊임없이 도전하는 한 남자가 당신에게 외친다.

"그래 떠나, 안도현처럼!"

그래 떠나, 안도현처럼

초판 1쇄 인쇄 2016년 01월 19일
초판 1쇄 발행 2016년 01월 27일

글 서전 안도현

펴낸이 김은주
기획 임주하
편집 이현정
마케팅 이삼영
디자인 이주원
표지 캘리그라피 장천 김성태
사진 안도현, 안승웅, 한경수
사진 보정 셀라티스트 만두

인쇄 (주)재원프린팅

펴낸 곳 별글
블로그 http://blog.naver.com/starrybook
등록번호 128-94-22091(2014년 1월 9일)
주소 경기도 고양시 덕양구 오금로7 신원마을 3단지 305동 1404호
전화 070-7655-5949 | 팩스 070-7614-3657

ⓒ안도현, 2016

이 책은 저작권법에 따라 보호를 받는 저작물이므로 무단 전재와 무단 복제를 금지하며,
이 책 내용의 전부 또는 일부를 이용하려면 반드시 저작권자와 별글 출판사의 서면 동의를 받아야 합니다.
책값은 뒤표지에 있습니다. 잘못된 책은 바꾸어 드립니다.

ISBN 979-11-86877-19-7 14800
     979-11-86877-13-5 (세트)

이 도서의 국립중앙도서관 출판예정도서목록(CIP)은 서지정보유통지원시스템 홈페이지(http://seoji.nl.go.kr)와
국가자료공동목록시스템(http://www.nl.go.kr/kolisnet)에서 이용하실 수 있습니다. (CIP제어번호 : CIP2016000646)

별글은 독자 여러분의 책에 대한 아이디어와 원고 투고를 기다리고 있습니다.
책 출간을 원하시는 분은 이메일(starrybook@naver.com)로 간단한 개요와 취지, 연락처 등을 보내주세요.